接触場面への参加による
日本語母語話者と
非母語話者の変化

嶋原　耕一
SHIMAHARA Koichi

RIKKYO
UNIVERSITY PRESS
立教大学出版会
〈発売　丸善雄松堂〉

目　　次

第1章　はじめに……………………………………………… 5
1.1　国内日本語教育のパラダイム ……………………………… 5
　　1.1.1. 第一パラダイム …………………………………… 6
　　1.1.2. 第二パラダイム …………………………………… 6
　　1.1.3. 第三パラダイム …………………………………… 11
1.2　本書の目的 …………………………………………………… 27
1.3　会話における話題について ………………………………… 28
1.4　本書の構成 …………………………………………………… 31

第2章　インタビュー調査 …………………………………… 33
2.1　調 査 方 法 …………………………………………………… 33
2.2　母語話者の意識 ……………………………………………… 36
　　2.2.1. 話題導入について ………………………………… 36
　　2.2.2. 話題展開について ………………………………… 43
2.3　非母語話者の意識 …………………………………………… 44
　　2.3.1. 話題導入について ………………………………… 45
　　2.3.2. 話題展開について ………………………………… 48
2.4　インタビュー調査のまとめ ………………………………… 50

第3章　会話データについて ………………………………… 53
3.1　データ収集の協力者 ………………………………………… 54
3.2　データ収集の方法 …………………………………………… 56
3.3　大話題と小話題のコーディング結果 ……………………… 59

第4章　談話分析：話題転換における言語形式 …………… 61
4.1　先 行 研 究 …………………………………………………… 61

- 4. 2　文字化資料のコーディング……………………………………65
- 4. 3　内容の結束性から見た話題転換分類……………………………67
- 4. 4　話題の終了表現及び開始表現……………………………………69
- 4. 5　話題導入の言語形式分析のまとめ………………………………78

第 5 章　談話分析：導入された話題の内容………………………………79

- 5. 1　先 行 研 究…………………………………………………………79
- 5. 2　文字化資料のコーディング………………………………………82
- 5. 3　全体の結果…………………………………………………………83
- 5. 4　場面ごとの結果……………………………………………………85
- 5. 5　話題導入の内容分析のまとめ……………………………………97

第 6 章　談話分析：話題展開における話者間の関係性…………………99

- 6. 1　先 行 研 究…………………………………………………………99
  - 6.1.1. 話題展開における参加形式………………………………99
  - 6.1.2. 話題展開における話者の社会的カテゴリー……………106
- 6. 2　文字化資料のコーディング………………………………………109
- 6. 3　展開された話題の分布……………………………………………111
- 6. 4　話題展開における参加形式についての結果……………………114
  - 6.4.1. 会 話 全 体…………………………………………………114
  - 6.4.2.「基本情報」話題…………………………………………116
  - 6.4.3.「経歴」話題………………………………………………119
  - 6.4.4.「言語」話題………………………………………………121
  - 6.4.5.「国事情」話題……………………………………………124
  - 6.4.6.「大学授業」話題…………………………………………127
  - 6.4.7.「大学生活」話題…………………………………………129
  - 6.4.8.「進路」話題………………………………………………133
  - 6.4.9.「第三者に関する事柄」話題……………………………135
  - 6.4.10.「旅行」話題………………………………………………137
  - 6.4.11. 話題展開における参加形式分析のまとめ……………138

6．5　話題展開における話者の社会的カテゴリーについての結果………… 142
　　　6.5.1. 母語場面における話題展開 ………………………………………… 142
　　　6.5.2. 接触場面Aにおける話題展開 ……………………………………… 145
　　　6.5.3. 接触場面Bにおける話題展開 ……………………………………… 150
　　　6.5.4. 接触場面Cにおける話題展開 ……………………………………… 154
　　　6.5.5. 接触場面Dにおける話題展開 ……………………………………… 157
　　　6.5.6. 会話展開の内容分析のまとめ ……………………………………… 162

第7章　考　　　察 ……………………………………………………………… 163

7．1　相互調整行動について ……………………………………………………… 164
7．2　配慮行動について …………………………………………………………… 168
7．3　円滑化行動について ………………………………………………………… 172

第8章　おわりに ………………………………………………………………… 177

8．1　教育への提言 ………………………………………………………………… 177
8．2　今後の課題 …………………………………………………………………… 179

参　考　文　献 …………………………………………………………………… 182

あ　と　が　き …………………………………………………………………… 198

第 1 章 はじめに

1.1 国内日本語教育のパラダイム

　共生日本語という概念について説明することから、本書を始めることとする。それは、共生日本語が本書の分析と考察の理論的枠組みとなるからであり、その概念を説明することで、著者が目指す日本語教育のあり方を示せると考えるからである。ただ、共生日本語という概念を十全に説明するためには、それがどのような歴史的文脈の中で提唱されたのか、共有しておく必要がある。そのため、本節では国内日本語教育がたどってきた三つのパラダイムを振り返るところから始めたい。共生日本語はその第三のパラダイムにおいて、岡崎（1994、2003、2005 など）と岡崎（2002a、2002b、2007 など）によって提唱されたものである。

　国内日本語教育のパラダイムについて、佐々木（2006）は表 1-1 のようにまとめている。

表 1-1　国内日本語教育における三つのパラダイム

パラダイム	第一パラダイム	第二パラダイム	第三パラダイム
時期	〜1980 年代半ば	1980 年代半ば〜	1990 年代半ば〜
教育理念	教育する	支援する	共生する
重視するもの	言語構造の理解と定着重視	コミュニケーション、ニーズ分析重視	社会的成員としての学習者重視
教授法・学習法	オーディオリンガル法、直接法	コミュニカティブアプローチ	自律学習、協働学習

佐々木（2006、p.274）から引用（一部改変）

　さらに、佐々木（2006）によれば、第一パラダイムと第二パラダイムは「学ぶべき知識の効率的授受を中心とする」客観主義的教育観を、第三パラダイムは「知識が伝達的にではなく、自律的、協働的に構成されていく」構成主義的教育観を、哲学的前提としているとのことである（p.272）。ただし、佐々木（2006）は、これら三つのパラダイムの登場をパラダイムシフトと呼んでいる

一方で、「一つの教育理念が他の教育理念に完全に取ってかわるという状況」ではなく、漸次的にシフトが生じていることに、注意を促している（p.273）。第三パラダイムが趨勢である現代においても、第一パラダイムや第二パラダイムの方法を重視する教師や教育機関は多く存在するだろう。

それでは、以下順に、それぞれのパラダイムを見ていきたい。

1.1.1. 第一パラダイム

第一パラダイムは「教育する」を教育理念としており、「日本語の発音、語彙、文法、表記などがどのようなものか、そしてそれを効率的に学習者に定着させるにはどのような方法がもっとも効果的であるか」を主たる関心としていた（佐々木2006、p.259）。そのような関心に合わせて用いられていたのが、「言語構造が自動的に出てくるまで体に覚えこませるための文型練習を重視する」オーディオリンガル法と、「日本語だけを使用して教える」直接法である（佐々木2006、p.259）。特にオーディオリンガル法は、第一パラダイムで重視されていた「正しいセンテンスを生成」する能力（ネウストプニー1995a、p.10、以下これを文法能力と呼ぶ）と関わりが深く、文法能力を伸ばすために、オーディオリンガル法が用いられていたといえる。その文法能力は、Chomsky（1965）による言語能力（linguistic competence）と同等の概念だと考えられる。Chomsky（1965）は言語の文法的知識である言語能力と、具体的な場面ごとに観察される言語運用（linguistic performance）を、明確に区別していた。第一パラダイムにおける国内日本語教育も、当時優勢だったチョムスキー理論の影響を受けていたといえる。また、細川（2003）はこの第一パラダイムの時期を、「何を教えるか」が重要視され、主に日本語学の知見を参考にしながら、その教育内容が注目された時期だったとしている（p.5）。

1.1.2. 第二パラダイム

第一パラダイムが長く続いた後で、1980年代半ばに第二パラダイムが登場する。その発端は、国境を越えた移動が盛んなヨーロッパにおいて、諸言語の母語話者と非母語話者のコミュニケーションの必要性が高まったことだった。従来のオーディオリンガル法を見直し、コミュニケーションができるようにな

るための教授法を模索する中で提唱されたのが、コミュニケーションアプローチである。そのアプローチの理念を、Richards & Rodgers（2001）は以下の五つにまとめている。

a. コミュニケーションのために使用することを通して、学習者はその言語を学ぶ
b. 本物で意味のあるコミュニケーションが、教室活動の目標となるべきである
c. 流暢(りゅうちょう)さはコミュニケーションの重要な次元の一つである
d. コミュニケーションは異なる言語技能の統合に関わる
e. 学習は創造的な構築のプロセスであり、試行錯誤に関わる

（Richards & Rodgers 2001、p.172、著者訳）

　上記のような理念のコミュニカティブアプローチが日本にも紹介されたことが、国内の日本語教育でそれまで実践されてきたオーディオリンガル法を見直すきっかけとなった。当時の日本国内では、1972年の日中国交正常化、1975年のベトナム戦争終結とインドシナ難民の受け入れ、1983年に発表された「留学生受入れ10万人計画」などにより、在留外国人の数が増加し、その在留目的も多様になっていた。そして、その多様な目的を持つ在留外国人が、「日本語学習の支援を求めて日本語教室に」来ることとなった（佐々木2006、p.263）。それと同時に、非母語話者の数が増加したことで、ヨーロッパと同様コミュニケーションができるようになるための教授法への関心が高まった。これが、第二パラダイムで母語話者とのコミュニケーションを重視した教育が導入され、学習者のニーズ分析が重視されるようになった背景である。

　この第二パラダイムで重視されるようになった能力は、コミュニケーションをするための能力（以下、コミュニケーション能力）だった。ネウストプニー（1995a）でもこの時期に、「日本語教育の真の目標は正しいセンテンスを生成することではなく、コミュニケーションであるという考え方が圧倒的になってきた」ことが、指摘されている（p.10）。そのようなパラダイムの転換により、コミュニケーション能力に関する諸理論や、コミュニケーションを可能にする

ための方略が多く提唱された。まずHymes（1972）は、Chomsky（1965）の言語能力が社会文化的な言語運用の適切さと切り離されていると批判した上で、言語の知識（knowledge）とそれを使う力（ability for use）を含む能力として、コミュニケーション能力という概念を提示した。Hymes（1972）は、それを「文法的な文の正しさについての知識だけでなく、いつ、何について、誰とどこで話すか、または話さないのかという文の適切さに関する能力」と定義している（p.277）。さらに、Canale & Swain（1980）及びCanale（1983）は、コミュニケーション能力の構成要素を、提示している。以下がCanale（1983）により提示された、コミュニケーション能力の構成要素である。

　文法能力（grammatical competence）
　　発話の字義どおりの意味を正しく理解し生成する能力である。
　社会言語能力（sociolinguistic competence）
　　参加者の地位や相互作用の目的・規範・慣習などの文脈的な要因に依存する様々な社会言語的文脈の中で、発話を適切に理解し生成することに関わる能力である。
　談話構成能力（discourse competence）
　　文法的な形式と意味を統合して、異なるジャンルの談話や文章を構成するための能力である。
　方略能力（strategic competence）
　　主に二つの理由によって用いられる、言語的及び非言語的なコミュニケーション上の方略に関する能力である。理由の一つ目は、実際のコミュニケーションにおける制約的な条件（特定の概念や文法形式がその瞬間思い出せない、など）や、前者の三つの能力が参加者の１人もしくは多数に不十分な場合に生じる、コミュニケーションの中断を修復するためである。理由の二つ目は、コミュニケーションの効果を一層高めるために（修辞的な効果のために、意図的にゆっくり柔らかく話す、など）、それらの方略を用いるというものである。

　　　　　　　　　　　　　　　　　（Canale 1983、p.7-10、著者訳）

Canale & Swain（1980）及び Canale（1983）が提示した方略能力については、コミュニケーションストラテジーという用語とともに多くの研究者が分析対象としている。コミュニケーションストラテジーの代表的な研究である Tarone ほか（1983）は、それを「適切な目標言語の規則を習得していない状況で、学習者が目標言語で意味を伝えたり受け取ったりするために用いる系統立った試み」（p.4、著者訳）と定義した上で、「言い換え（paraphrase）」「借用（borrowing）」「回避（avoidance）」という具体的なストラテジーを挙げている。これらのストラテジーは、非母語話者が母語話者とのコミュニケーションを可能にするために用いるものであるから、非常に重要である。日本語を対象とした研究としては、非母語話者がどのようなコミュニケーションストラテジーを用いているのかに関する諸研究（尾崎 1981、1992、横林 1991、荻原 1996 など）と、その使用を非母語話者に教えて、教育の効果を検証する諸研究（藤長 1993、梅田ほか 1997 など）が行われた。

　ここまで、コミュニカティブアプローチの第二パラダイムへと転換した 1980 年代に、コミュニケーションを可能にする能力や方略がどのように論じられてきたのか、概観した。それらの議論と同時に、1980 年代にはコミュニケーション及びインターアクションを契機とした言語習得も、注目され始めた。特にその理論的基盤となったのは、Krashen（1982、1985）によるインプット仮説（Input Hypotheses）と、Long（1983）によるインターアクション仮説（Interaction Hypotheses）である。まずインプット仮説とは、「人間はメッセージを理解すること、つまり理解可能なインプットを受け取るというただ一つの方法により、言語を習得する」という主張である（Krashen 1985、p.80、筆者訳）。この「理解可能なインプット」という概念をきっかけに、接触場面における母語話者の言語運用も分析され始め、アウトプットの必要性や非母語話者がおかれる学習環境についても、多くの議論がなされた。特に接触場面における母語話者の言語運用については、フォリナートーク（foreigner talk）という用語で捉えられるようになり、多くの研究者が注目した。フォリナートークは Ferguson（1981）により、「主に外国人に対して、例えば当該言語について十分な理解力がない人々に対して使用するレジスター」と定義されている（p10、日本語訳は徳永 2003 p.165 より）。Long（1981）は、フォリナートーク

が非母語話者の第二言語習得を促進するとし、特に以下のような特徴を持つフォリナートークが望ましいと、主張している。

1. 母語話者が非母語話者の残りの表現を助け、協同的に会話を行うことが保障される
2. 母語話者が自分自身が発した質問へ答え、相手には修辞的な質問をする
3. 母語話者が疑問文の形で質問をし、その形で会話が維持されていく
4. 母語話者は会話の問題が発生するのを避け、ミスコミュニケーションを修正するために頻繁に明確化しようとする

（Long 1981、日本語訳は徳永 2003、p.167 より）

　日本語のフォリナートークについては、スクータリデス（1981）によって、初めて報告されたとされる。スクータリデス（1981）は日本語独自のフォリナートークの特徴として、日本語で省略されることの多い一人称が、非母語話者との談話で多用されることなどを挙げている。その後、ロング（1995）がフォリナートークの使用と不使用を含む母語話者の非母語話者に対する行動を、「語彙面」「文法面（文法の簡略化）」「音声面（聞き取りやすい発音）」「談話面」「非言語行動（ジェスチャーの頻用）」に分類し、包括的に提示している（p.10）。

　Krashen（1982、1985）によるインプット仮説（Input Hypotheses）と同じく、コミュニケーションを契機とする学習に研究者の関心を向けたのが、Long（1983）によるインターアクション仮説だった。Long（1983）は、インプットとアウトプット両方の重要性を説き、インターアクション中の意味交渉（negotiation of meaning）が言語習得を進めると主張した。Long（1996）は、それについて、インターアクションが「インプット（学習者が聞くことと読むこと）と学習者の内的能力、特に選択的気付きとアウトプット（学習者が産出すること）を生産的につなげることで、言語習得が促進される」と説明している（p.451-452、著者訳）。ここから多くの研究者が接触場面における意味交渉に注目し、先述のコミュニケーションストラテジーなどを用いながら、どのよ

うにお互いに意思疎通を図っているのか分析してきたといえる。以上のように、インプット仮説とインターアクション仮説は、コミュニカティブアプローチにおける教室活動の理論的基盤となるとともに、様々な実証研究を生み出した。特に、それまで注目されてこなかった母語話者の言語運用が、先述のとおりフォリナートークという用語とともに注目され、多くの研究が蓄積されたことが、特徴として挙げられる。

以上の第二パラダイムでは、Canale（1983）などの様々なコミュニケーション能力のモデルが提唱され、コミュニカティブアプローチをはじめとする新しい教育方法が、模索された。接触場面を対象とする研究としては、母語話者のフォリナートークと非母語話者のコミュニケーションストラテジーが多く分析されたといえよう。

1.1.3. 第三パラダイム

1990年代には、母語話者と非母語話者の共生が、教育理念として注目されるようになった。その社会的背景として、佐々木（2006）は在留外国人のさらなる増加と多様化を挙げている。この頃になると、1980年代よりもさらに在留外国人の数は増え、「韓国・朝鮮籍の人々が多数派を占めた時代から、ニューカマーが多数派を占める時代へと」、その内訳も変わってきた（同上、p.269）。同時に在留外国人の集団によるコミュニティができ始め、「地域社会のお客様ではなくメンバー」として、それぞれの地域で母語話者と共生することが課題とされるようになった（同上、p.269）。日本語教育においても、非母語話者は「『受動的に知識を受け取る人』ではなく『自律的・協働的に自身の学習を管理する人』への転換が期待される」ようになった（同上、p.272）。そのため、「どのように教えるか」という教育観ではなく、「どのように学ぶか」という学習観として、自律学習や協働学習への注目度が高まることとなった。

上記のような状況の中で提唱されたのが、本書の理論的枠組みともなる共生日本語である。ここでは、共生日本語及びその教育について見ていく前に、1995年というパラダイムの過渡期に主張された、日本語教育で大きな影響力を持つネウストプニー（1995a）による能力観を紹介したい。ネウストプニー（1995a）はまず、日本語教育に長年携わり、コミュニカティブアプローチに接

する中で得た気付きとして、以下のような主張をしている。

> ところで、私たちが数十年間種々のコミュニカティブな教授法に接しているうちに、さらに次のようなことに気がついた。つまり、人間の行動の目標ははたしてコミュニケーションそのものであろうか？ コミュニケーションは私たちにとって目標だろうか、手段だろうか。もちろん、後者である。コミュニケーションは、社会・文化、あるいは社会・経済的な行動の手段にすぎない。しかし、それが事実なら、日本語の教師の最終的な目標は、社会・文化・経済的なインターアクションのための能力でなければならないのである。
> (ネウストプニー1995a、p.10)

　ネウストプニー (1995a) は上記のような主張を提示した上で、コミュニケーション能力よりも範疇が広いインターアクション能力という概念を、その構成図とともに示している[1]。その図を図1-1に引用する。

図1-1　インターアクション能力の構成図（ネウストプニー1995a、p.103）

　従来のコミュニケーション能力だけではインターアクションが達成できるとは限らず、インターアクションの達成について考えるためにはコミュニケーシ

---

[1] Long (1996) は「インターアクション」という用語をコミュニケーションの同義語として用いていると考えられるが、ネウストプニー (1995a) はその二つを明確に区別していることに注意が必要である。

ョン能力よりも広い能力観を持つ必要がある、というのがネウストプニー（1995a）の主張である。まず文法能力については、第一パラダイムで重視されていたような、「正しいセンテンスを生成する」ための能力だといえる（p.10）。そして、文法能力と合わさりコミュニケーション能力を構成するのが、社会言語能力である。これについては、先に提示したCanale（1983）による社会言語能力と同義だと考えられる。そして、文法能力と社会言語能力に加えてネウストプニー（1995a）が提示したのが、社会文化能力である。これはコミュニケーション行動以外の実質行動を行う能力だと考えられ、実質行動の一例として「自転車に乗ること、そばを食べること、機械を使って種々のものを作ること」などが挙げられている（p.46）。さらに、それらの実質行動が、①「コミュニケーション行動の話題になる」ため、②「コミュニケーションをともなわない実質行動とコミュニケーション行動とが、同じ場面の中でまじることが多い」ため、③「すべてのコミュニケーション行動が実質行動から出発する」ために、日本語教育の中でも実質行動を切り離すことはできないと、ネウストプニー（1995a）は主張している（p.45-47）。そのため、コミュニケーション能力だけではなく、実質行動のためのインターアクション能力を構成する、社会文化能力を日本語教育の中でも扱っていく必要がある、というのがネウストプニー（1995a）の提言である。

　第三パラダイムの教育理念である「共生する」という用語は用いられていないが、ネウストプニー（1995a）はコミュニケーションが最終的な目的ではないこと、それを用いながら達成されるインターアクションを意識する必要があることを提示している点で、コミュニケーションを経た上での多文化共生を目的とした岡崎（2002a、2002b、2007）及び岡崎（1994、2003、2005）の共生日本語と共通している。

　それでは、いよいよ本書の理論的枠組みともなる共生日本語及び共生日本語教育について、見ていきたい。まず、従来の日本語教育の問題点として岡崎（2002a、2002b、2007）が特に強調したのは、多様な背景を持つ非母語話者に同化を要請してしまうことだった。岡崎（2002b）はその点について、以下のように記している。

日本語や日本文化が分からない外国人は日本社会で不利益を受けても仕方がないという風潮がある。これは、基本的には「郷に入れば郷に従え」と、日本語・日本文化への同化を求めるものである。こうした中で、日本語支援に当たる日本語教師や日本語ボランティアは、外国人が不利益を被らないように、彼らの日本語学習を支援したり日本式の生活への適応のコツを教えることに努める。このような日本語教育では、「日本語母語話者の日本語」を規範としモデルとしてそれを教え込むことに主眼が置かれる。加えて特に近年は言語の背後にある日本文化にも十分馴染ませて日本人の規範で適切とされる言語行動がスムーズにとれるようになることも日本語教育の目標として目指されるようになった。

（岡崎 2002b）

　ここで岡崎（2002b）が問題点として主張しているのは、非母語話者が母語話者の規範を身に付けるために日本語教育が行われ、それができない非母語話者が日本社会で不利益を受けるという点である。そのような、非母語話者に同化するよう要請する日本語教育に代わるものとして、岡崎（2002a、2002b、2007）は共生日本語教育を提唱している。共生日本語教育では、従来のように母語話者が母語話者同士の会話（以下、母語場面）で用いる日本語を規範として教えるのではなく、共生日本語が学習対象となる。共生日本語は母語話者と非母語話者の会話（以下、接触場面[2]）でのコミュニケーションを通してその場その場で形成されるものとされ、母語場面の日本語とは区別される。岡崎（2002b）は、母語話者と非母語話者の両者を共生日本語の学習者として位置付けることで、「どちらも、学び手という点で学習者であり、この点において、両者は理論的に完全に対等である」と主張している。それでは、母語話者と非母語話者はその共生日本語を、どのように学習することができるのだろうか。共生日本語の理論面を提示した岡崎（1994）は、その学習について、以下のよ

---

2) 接触場面（contact situation）は Neustupný（1985）で用いられた用語であり、その後の日本語教育研究で広く用いられている。

うに述べている。

> 日本語を共生言語としてどのように機能させ形成させていくかを実際のインターアクションを通じて学習していく積み重ねの中で、個々の学習経験のあり方が偶発的なものの集合から一定の形態として形成され、さらにそれらの形態が全体として日本語の共生言語としての形成過程を支える学習システムとして形成されていく。
>
> （岡崎1994、p.65）

つまり、接触場面でのやり取りを経験していく中で、どのように非母語話者に対して言語を運用すればよいのかが分かるようになり、それが学習システムとして形成されていくのである。ただ、そこで形成されるのはあくまで学習システムであり、個人の中に共生日本語が形成されるのではない。共生日本語は実際のコミュニケーションにおいて、その場その場で形成されるものである。そして、岡崎（1994）は、そのような共生日本語が形成される接触場面には、「母語話者と多様な非母語話者との間でなされるコミュニケーションの成立・保持・育成を目指した」協働（collaboration）が観察されると主張している（p.65）。母語話者及び非母語話者による協働として、岡崎（1994）は以下の三つを挙げている。

①相互調整行動…「やり取りの維持」に関わる行動
  例）単語の意味を確認、互いの理解を確認、会話の保持に意識を払いながら話題を選ぶ
②配慮行動…相互調整行動により維持される会話をより育成していくために、接触場面特有の会話のあり方を新たに創造する行動であり、コミュニティにおける共生を容易にするような歩み寄り
  例）母語話者同士で会話する場合とは異なる「相手の意見に率直に自分の意見を言う」という行動
③円滑化行動…より文化的な基礎に根ざした発話行為における相互の歩み寄り

例)「断る」ときに、非母語話者が母語話者との間に積極的に円滑な環境を作ろうとして、主体的に母語と異なる発話行為を創り出すこと[3]

（岡崎1994、p.65-71から部分的に抜粋。文言は杉原（2010）も参考とした）

　岡崎（2003）はそれら三つの関連を、「相互調整行動を通じてコミュニケーション自体の成立、それを通したインターアクションの成立、維持、言語習得の学習の場の形成がなされ、配慮行動を通じて会話が育成されるのに引き続いて、より文化的な基礎に根差した発話行為における相互の歩み寄りによる行動が形成」されると、説明している（p.36）。つまり、相互調整行動とは、それがなければ会話が中断してしまい、時に会話が終わってしまうような、やり取りを維持するための行動である。先に見た、コミュニケーションのための母語話者によるフォリナートーク、非母語話者によるコミュニケーションストラテジーは、この相互調整行動に該当すると考えられる。そして、配慮行動は、会話の中断及び終了を防ぐためではなく、両者がその会話により参加しやすくなるような、より話しやすくなるような行動だといえる。三つ目の円滑化行動は配慮行動と似ているが、特に発話行為において、自らの母語の規範に固執せず、円滑な環境を作るための行動だといえる。岡崎（1994）による協働を、杉原（2010）は「対等な関係性や違いの受け入れや理解や統合に向けた意図を持って働きかけるような行動特性」だと定義している（p.24、原文ママ）。本書でも、この杉原（2010）の定義のとおりに、協働という用語を用いることとする。そして、協働の下位分類として、上記の相互調整行動、配慮行動、円滑化行動があると考える。ただ、これらは必ずしも明確な線引きができる分類ではなく、

---

3) 発話行為理論は、Austin（1962）によって提唱され、Searle（1969）によって精緻化された。Austin（1962）は、「適切な状況で発話すること自体が『宣言』『約束』などの行為を遂行することになる」と指摘し、それらの遂行文と「事実を単に記述し、真理条件を持つ」事実確認文と区別した（『明解言語学辞典』p.181より）。Searle（1969）は発話行為の類型として、断定型、行為指示型、行為拘束型、感情表出型、宣言型の五つを提示した。日本語教育研究では依頼や謝罪、断りなどの発話行為が注目され、分析されることが多い。

例えばやり取りを維持し、かつ会話参加を容易にするような行動、つまり相互調整行動であると同時に配慮行動でもある行動などもありうることを、ここに記しておく。

　そして、上記の協働が観察されるような接触場面において、その場その場で共生日本語が形成されるというのが、岡崎（1994）らの主張である。そのようにして形成された共生日本語は、母語場面の日本語を規範とするものではなく、非母語話者に対する同化要請としても機能しない。

　上記のように、母語話者と非母語話者の両者が「どちらも学び手」となる必要性が強調される中で、それまで注目されてこなかった母語話者の学習を分析する研究も、出てくるようになった。まず注目されたのが、母語話者がどのような意識に基づきフォリナートークを用いるのかという、意識と言語運用のつながりである。代表的な研究として、一二三（1995）が挙げられる。一二三（1995）はボランティアとして日本語を教えている母語話者に対して、53項目からなる質問紙調査を行い、結果を因子分析にかけている。質問紙の53項目は「相手を楽しませようとする」「身振り・ジェスチャーを多くする」「相手の言語のレベルに応じて、語彙・文法・スピードなどの言語的な調整をする」などである。結果として、以下のような接触場面における母語話者の意識が、明らかになっている。

①発話内容を対話者に理解させるための言語面・話題面での意識的配慮
②対話者の発話を鼓舞する態度で、対話者を理解しようとする聞き手としての誠意を示すと同時に、会話を積極的に進めるために必要な意識的配慮
③会話の場の雰囲気を和らげ、対話者が会話に参加しやすくなることを目的とする意識的配慮
④自分と相手との関係を理性的に統制し感情を抑制しながら会話を維持することを目的とする意識的配慮
⑤自分の意志や感想を率直に表現し、対話者に自分をより深く理解させることを目的とする意識的配慮
⑥相手との意見の相違などによる対立を避け、会話を穏便に遂行する

ことを目的とする意識的配慮
　⑦多少の理解できない点などには寛容に対処することで、会話の無用
　な中断を回避し、会話が継続することを目的とする意識的配慮
（一二三 1995、p.43）

　一二三（1995）の意識的配慮とは、上記に挙げられたような、会話中の心がけを意味する。さらに、一二三（1995）は、会話の目的、質問紙回答時に想定された非母語話者の日本語レベル、ボランティアとして日本語を教えた経験という3要因による、意識の違いを分析している。それによって、会話の目的や相手の日本語レベルによって、母語話者が異なる意識を持つことが明らかになった。また、一二三（1999）では、母語話者を非母語話者との会話に参加させた後に、質問紙調査を行い、当該会話における意識が分析されている。さらに、その意識の分析結果と実際の言語運用とを合わせて分析することによって、当該会話における母語話者の意識と言語運用の関係を、明らかにしている。結果としては、例えば「会話の中断を避け、円滑な運用を志向する配慮」が働くと、相手への質問や意味交渉が多くなることなどが、明らかになった。このように、母語話者の接触場面における言語運用が「調整されるもの」として捉えられるようになったことに伴い、辛（2007）はフォリナートークを、「日本語母語話者の、非母語話者に対する修正された言い方」ではなく、「接触場面の会話参加者双方が使用可能な調整行動、多文化社会における言語ストラテジーの一つ」として、新たに定義している（p.26）。

　それでは、共生日本語をどのように教授対象とできるのか、つまり共生日本語教育の実践についての報告を見ていきたい。その実践については、岡崎監修の『共生日本語教育学―多言語多文化共生社会のために』（2007）に、まとめられている。そこに掲載されている論考は全て、ある大学の大学院日本語教育コースの必修科目として行われた、日本語教育実習における実践に基づいている。そして、その教育の特徴は、従来の日本語教育と比較されながら、以下のように端的にまとめられている（図1-2）。

　図1-2で共生日本語教育の特徴の一つ目として挙げられている、「日本人と外国人を共に学び手とする」は、岡崎（1994、2003、2005）及び岡崎（2002a、

図1-2 従来の日本語教育と共生日本語教育の特徴の比較
(『共生日本語教育学―多言語多文化共生社会のために』p.2より)

2002b)の一連の論考で、主張されてきたことである。また、チームティーチングとすること、その「共生成長型」教員養成であることにも、共生日本語教育の理念が強く反映されているといえる。実習生として参加した大学院生には母語話者と非母語話者が混在しており、上記のような特徴を明示していることから、実習生間での協働、共生も教育実習における一つの目標だったことがうかがえる。実際に、第3章の平野(2007)や第5章の野々口(2007)は、実習生間、特に母語話者実習生と非母語話者実習生の相互作用に注目した論考である。教室における教育内容は、図1-2にも示されているとおり、接触場面におけるコミュニケーションタスクが中心となっている。具体的には、対話的問題提起学習(岡崎・西川 1993)という方法が採用されている。それは銀行型教育(banking education)を批判し、課題提起型教育(problem-posing education)を提唱したFreire(1979)の教育理念を継承するものである[4]。半原ほか(2012)によると、その方法は以下のように定義される。

対話的問題提起学習では、第二言語学習者である非母語話者のみでなく、目標言語話者である母語話者も対等な話者として位置づけ、両者の協働で学習を進める点に特徴を持つ。そこでは、母語話者と非母語話者が共に暮らす上で生じる生活上の問題点を取り上げ、両者が共に考え、解決を図ることが目指される。

（半原ほか 2012、p.172-173）

　共生日本語教育では、上記のような活動を通してそれぞれ気付きを得ながら、学習を進めていくことが期待されている。そのため、『共生日本語教育学―多言語多文化共生社会のために』に収められている論考には、直接学習者としてそこに参加した非母語話者の言語運用を分析し、実証的にその学習過程を明らかにするようなものは見られない。ただ、特に実習生として参加した母語話者及び非母語話者が、その活動を通して意識や活動をどのように変化させたのかについては、克明に記述されている。分析対象として用いられているのは、内省レポート（清水 2007、池田ほか 2007、野々口 2007）や、準備期間における教師間の話し合いデータ（平野 2007）であり、結果としては、活動を通して自己認識を深めていくプロセス（清水 2007）、気付きを得た上での自らの中にある前提の問い直し（池田ほか 2007）、非母語話者教師の肯定的な自己概念の形成などが、明らかにされている。教師として参加した母語話者及び非母語話者の様々な学習を明らかにしたことに、意義があるだろう。

　上記のように、岡崎（2002a、2002b、2007）及び岡崎（1994、2003、2005）の共生日本語では、「学習」という用語を、「実際のインターアクションを通じて学習していく積み重ねの中で、個々の学習経験のあり方が偶発的なものの集合から一定の形態として形成され」（岡崎 1994、p.65）る過程を意味するものとして、用いていた。一方で、その「学習」を「明示的に提示される内容を学ぶ」

---

4) Freire の問題提起型教育を言語教育に応用したのは、Wallerstein だといわれている。Wallerstein（1983）は移民が生活上の問題を解決していくためのコースをデザインし、そのコースデザインと授業デザインの原則として、「傾聴（listening）」「対話（dialogue）」「行動（action）」の三つを挙げた。対話的問題提起学習は、岡崎・西川（1993）が、Freire と Wallesterin（1983）を参考に、日本語教育の文脈で考えた学習法である。

という意味で用いているのが、「やさしい日本語」（松田・前田・佐藤 2000 など）や「ユニバーサル日本語」（森 2005）などの研究である。

　まず「やさしい日本語」は、1995 年の阪神・淡路大震災で外国人住民が情報弱者となり、様々な困難に直面したことに対する問題意識から、弘前大学社会言語学研究室のメンバーが中心となり提言された（佐藤 1999、松田ほか 2000、佐藤 2004 など）。災害時の非母語話者に対する情報提供のための表現として提唱されたため、公共の放送や公文書の書き換えに注目する研究が、多いといえる。日本語を「やさしい日本語」にするための手順として、佐藤（2004）は具体的に以下の三段階を提示している。

　　①情報のどの部分を伝えるか吟味する
　　②日本語能力 3 級・4 級の語彙を用いる[5]
　　③その語が使えるかどうかを確認する

（佐藤 2004、p.41-42）

　日本語を「やさしい日本語」にする例として、佐藤（2004）は、「観光客避難場所」という掲示表現を挙げている。佐藤（2004）によれば、それが現地人用か観光客用かは、避難するときにそこまで重要ではないため、「観光客」という表現は不要である。さらに、「避難場所」という用語は日本語能力試験の旧 3 級・4 級にないため「逃げるところ」という表現を用いることが、適切であるという。③の確認作業については、日本語初級の教科書、リーディングちゅう太、弘前大学社会言語学研究室のホームページという三つのリソースが紹介されている。

　「やさしい日本語」が上記のとおり、日本語能力試験旧 3 級レベル（現 N4 レベル）の非母語話者を想定しているのに対して、森（2005）の「ユニバーサル日本語」は、日本語学習歴の浅い外国人にも理解できる表現を用いることを、特徴としている。以下に、森（2005）による具体的な提言を紹介したい。

5）日本語能力試験のレベルは 2010 年に変更された。旧試験の 3 級は現行試験の N4 に、4 級は N5 に相当することが、日本語能力試験公式ウェブサイトに明記されている。

語彙
　・基本語（約 2000 語程度）を使うようにする
　・カタカナ表記の外来語等の使用は、控えめにする
文型
　・1 文の長さを短く、文型を単純にする
　・複雑な連体修飾節を減らす
　・重文や複文をできるだけ避ける
表記
　・ポーズを多くとって表現する
　・文字情報では、漢字の下にふりがなをつける
非言語情報
　・内容をより分かりやすくするため、イラストを添える
　・話しことばでは、ジェスチャー（指さしや動作等）を取り入れて
　　コミュニケーションをとるようにする

（森 2005、p.7-8）

　以上、第三パラダイムにおける母語話者の言語運用について、「明示的に提示される内容を学ぶ」という意味で母語話者の学習を促進しようとする、代表的な提言を見てきた。それぞれの研究者が「やさしい日本語」や「ユニバーサル日本語」など、独自の用語を用いている状況について、徳永（2009）は、接触場面で「使用される日本語の存在が必要とされながら、共通概念を持ちえていない現状が窺い知れる」と述べている（p.124）。

　上記のような研究とともに、母語話者の学習を分析する実証的な研究も、1990 年代後半以降増えてきている。それらは特に、母語話者も接触場面におけるインターアクションを通じて学習を進めるという前提から、母語話者の言語運用を分析している。代表的な研究としては、村上（1997）、増井（2005）、筒井（2008）、柳田（2010、2011）が挙げられる。これら研究の共通点は、自由会話ではなく、協力者に絵の描写や間違い探し、ロールプレイなどのタスクを与えていることである。そして、それらのタスク全てにおいて、意味の伝達

及び情報のやり取りが、重要な目標として設定されている。また、母語話者の条件統制については、どの研究も非母語話者との接触経験の多寡と、日本語教師としての経験または知識の有無を、条件として用いている。非母語話者との接触経験の多寡を統制していることは、接触場面で非母語話者と話すことを通して、接触場面での言語運用を母語話者が学習することが想定されているからだといえる。日本語教師としての経験または知識の有無については、ティーチャートークともいわれる日本語教師の言語運用が、他の母語話者の言語運用と異なる可能性を考慮しているためと考えられよう。

　分析に際しては、いずれの研究も、言葉の言い換え、例示、理解の確認などの意味の伝達に関わる行動を、その対象としている。主な結果として、まず村上（1997）と筒井（2008）は、日本語教師経験の有無による言語調整の違いを明らかにしている。日本語教師経験のある母語話者については、説明するだけではなく例示するなど、伝達のための言語調整が具体的になることが明らかにされた（筒井 2008）。一方で、村上（1997）は日本語教師経験が長い者よりも短い者の方が、意味交渉の頻度が多かったことを指摘し、それを「グループAの人たちは非母語話者との日本語での接触経験が長く、NNSの発話が不完全である場合でも、非母語話者がいおうとしていることを理解する能力、すなわち"comprehension competence（理解能力）"を発達させてきたのであろう」と考察している（p.151）。

　接触経験の影響については、接触経験の多い母語話者が言語調整の頻度が高いことが、どの研究でも明らかになった。例えば、柳田（2011）は母語話者が非母語話者に情報を提供する際の言語調整を分析し、以下のような特徴が、接触経験の多い母語話者に見られたことを明らかにしている。

　　情報の切れ目が明確な文単位の発話を多く用いる
　　理解チェックを用いて、NNSに対して躊躇なく理解を確認する
　　非母語話者からの不理解表明がなくても自発的に発話修正を行う
　　　　　　　　　　　　　　　　　　　　　　　（柳田 2011、p.21）

　このような結果は、どのような言語調整が非母語話者の理解を助けるのに有

効であるのか、母語話者が接触経験を通して学習を進めているためだと考えられる。村上（1997）も、接触経験が少ない母語話者に意味交渉の頻度が低かった結果について、「この頻度の低さは、非母語話者との接触経験の少なさ、つまり『なじみのなさ』（unfamiliarity）が影響して、どうすれば『意味交渉』ができるかわからなかったためと思われる」と述べている（p.151）。その接触経験の影響については、筒井（2008）も、「日本語弱者との接触の大きい母語話者ほど、情報を一度自分の中に取り込み、消化したのちに非母語話者の理解に合わせて再構成するという作業を多く行っている」と述べている（p.94）。また、増井（2005）は母語話者の「言語的リソースの拡大」という概念を用いて、以下のように述べている。

> より工夫を要する方法を多種使用できるようになったということは、相手が非母語話者のときに取りうる言語行動のバラエティが広がったことを意味し、話者としての言語的リソースが拡大したことになるからである。また、言い換え方略は、他の方略と比べて理解促進に利する可能性の高い方法からなる。この方略を多用するようになったことは、接触経験を通じてわかりやすい話し方を習得していく方向性を示すものといえる。
>
> （増井 2005、p.9）

　増井（2005）の主張する「相手が非母語話者のときに取りうる言語行動のバラエティが広がったこと」とは、岡崎（1994）による「実際のインターアクションを通じて学習していく積み重ねの中で、個々の学習経験のあり方が偶発的なものの集合から一定の形態として形成され」（p.65）る過程を、意味すると考えられる。このように、母語話者が接触経験を通じて学習を進める実証的研究は、徐々に増えてきているといえる。しかし、まだその数は少なく、これからも多くの研究者がその学習に注目し、研究が蓄積されることが望まれる。
　協働の枠組みからは、上記の母語話者の学習に関する実証的研究は全て、相互調整行動に含まれる言語運用を、分析対象としてきたといえる。当然、やり取り維持のための調整行動は非母語話者とのコミュニケーションに欠かせない

場合もあり、コミュニケーションを維持したり会話の目的を達成したりするのに、非常に重要である。それがなければ、会話は中断してしまうかもしれないし、意思を相手に伝達することもできないかもしれない。ただ、共生のために母語話者と非母語話者がどのように協働していけるのか、またそのためにどのような教育が必要であるのか議論するためには、岡崎（2003）が挙げた、配慮行動と円滑化行動にも注目する必要があるだろう。

　さらに、非母語話者側の学習も、忘れてはならない。非母語話者の学習については、これまで多くの日本語教育研究が対象としてきており、実証的研究も多くある。しかし、それらのほとんどは、母語場面で母語話者が用いる日本語を、学習目標としてきたといえる。そのため、母語場面で母語話者が用いる日本語とは異なるという理由で、非母語話者の言語運用を問題視する研究も多い。しかし、岡崎（2002a、2002b、2007）が主張しているように、そのように母語場面の日本語を規範とすることは、非母語話者に同化を要請することにつながってしまう。そのような同化要請が機能すれば、その規範を身に付けることができず同化できない非母語話者が、不利益を被ることになるのは、先に見たとおりである。それを防ぐためにも、母語話者と同様に、非母語話者も共生日本語を学習対象とする必要があるだろう。また、教育現場では、母語話者の規範的な言語運用を提示しながら、母語話者と同じように言語運用をするかどうかは、本人に任せるという方法が取られることが多い。特に謝罪や依頼などの発話行為については、言語ごとの文化差が指摘されることも多く、非母語話者が日本語の言語運用と自らの母語の言語運用との違いを認識する機会も、多いと考えられる。しかし、岡崎（2007）は、そのように母語話者の規範的な言語運用を提示するという教育の方法も、非母語話者への同化要請となる危険性があると、以下のように指摘している。

　　　多くの教師たちは、日本文化への同化を押しつけることはよくないこととしつつも、自分の担当する「学習者」が日本についての知識を知らないがために不利益を被ることのないように、「日本人はこのようにしている」という事実をきちっと教えることが重要だと強く確信している。そして、その確信の根拠は、日本語教師が「日本人の規範」

> を教えてあげることで、「学習者」自らが、どうするかを自己選択できるからという考えにある。
>
> 　このような考え方やそれに基づく日本語教育には幾つかの点で問題がある。例えば、「自己選択」について、日本人はこうすると教えられた外国人が、その方法とは異なる方法を現実問題として選択できるだろうか。「自己選択」の形をとっているように見えても、現実的には他の選択肢をとらず、結局「同化要請」として機能することが多いのではないだろうか。
>
> （岡崎 2007、p.290）

　上記が、岡崎（2007）による、教育現場における同化要請の指摘である。ここから、共生日本語を学習対象とすることが提唱されている一方で、多くの教育現場では母語場面で母語話者が用いる日本語が、規範的に扱われていることが分かる。これは、新しい能力観が提唱されてはいるものの、その能力を伸ばす方法が教師間で共有されていない状況だといえよう。その方法を模索していくためには、まず母語話者と非母語話者が協働をどのように学習しているのか、その過程を明らかにする必要があるだろう。その学習の過程が明らかになれば、それをどのように教室内の教育に取り入れることができるのか、議論も進むと考えられる。

　以上が第三パラダイムにおける能力観と、主だった先行研究についてである。最後に、このような国内日本語教育の流れと連動した、日本政府の提言を紹介したい。在留外国人の増加に伴う課題に取り組むために、総務省は2005年6月に多文化共生推進に関わる研究会を設置し、2006年にその報告書をまとめている（以下、総務省2006とする）。その総務省（2006）は、日本社会がこれから目指すべき社会として、母語話者と非母語話者の多文化共生社会を提唱し、「多文化共生を推進していくためには、日本人住民も外国人住民も共に地域社会を支える主体であるという認識をもつことが大切である」と主張している（p.6）。そして、多文化共生を推進する上での課題と、今後必要な取り組みについて、「コミュニケーション支援」「生活支援」「多文化共生の地域づくり」という三つの観点から、検討している。さらに、総務省（2006）は多文化共生

を、「国籍や民族などの異なる人々が、互いの文化的ちがいを認め合い、対等な関係を築こうとしながら、地域社会の構成員として共に生きていくこと」と、具体的に定義している（p.6）。その定義によれば、互いに対する無関心や文化摩擦の恐れからコミュニケーションの機会を持たず、ただ母語話者と非母語話者が同じ地域に住んでいるだけでは、共生とはいえない。多文化共生社会を実現し諸問題を解決していくためには、母語話者と非母語話者の両者が積極的にコミュニケーションに参加し、対等な関係を模索していく必要があるだろう。そして、その対等な関係を実現する方法の一つが、岡崎（1994）の挙げた、協働だといえる。総務省（2006）は、国家レベルで多文化共生を進むべき道だと位置付けたことに、大きな意義があるといえるだろう。この提唱が、それ以前から教育機関や各地域の住民により進められていた多文化共生に向けた取り組みを、大きく後押ししたのは間違いない。

1.2　本書の目的

　ここまで、多文化共生に向けた国内日本語教育の取り組みと、共生日本語が提示されるに至った経緯について説明した。多文化共生を実現するためには、母語話者と非母語話者の接触場面における協働が重要であり、その協働を学習するためにはお互いとの積極的なコミュニケーションが望まれる。つまり、コミュニケーションの機会を持ち、そこに両者が継続的に参加することが、協働の出発点であり、ひいては多文化共生社会を形成する出発点であるといえる。

　本書では、母語話者と非母語話者がお互いとのコミュニケーションを通じて、どのように協働の方法を学習していくのか、明らかにすることを目的とする。分析の観点は多く考えられるが、本書は特に初対面会話における話題に注目したい。話題に注目する理由は、「何についてどのように話すのか」が分からずに、話したい気持ちを持ちながらも、お互いとのコミュニケーションを躊躇する母語話者と非母語話者がいるからである。両者の話題に関する学習を明らかにすることで、話したいという気持ちを持ちながらもコミュニケーションを始めることができない母語話者と非母語話者や、話題の導入や展開がうまくいかずにコミュニケーションが終わってしまい関係が構築できない両者に対して、

どのような教育が必要であるのか議論することができると考えている。

上記研究目的のために、本書では以下の四つの研究設問を立てることとする。

研究設問①　母語話者と非母語話者の会話中の意識は、様々な経験を通じてどのように変化するのか

研究設問②　母語話者と非母語話者はどのように話題を転換するのか。そして、それは接触経験の量によりどのように異なるのか

研究設問③　母語話者と非母語話者はどのような話題を導入するのか。そして、それは接触経験の量によりどのように異なるのか

研究設問④　母語話者と非母語話者は、参加形式及び社会カテゴリーの観点から、どのように話題を展開するのか。そして、それは接触経験の量によりどのように異なるのか

本書では、上記四つの研究設問に答えるかたちで、論考を進める。それでは、本書の構成を提示する前に、本書での話題の扱い方について、次節で例を見ながら説明することとする。

1.3　会話における話題について

本書では、話題を「会話の中で導入、展開された内容的に結束性を有する事柄の集合体を認定し、その発話の集合体に共通した概念」(三牧 1999、p.50)とする。さらに、三牧 (1999) が述べているように、話題は「さらに下位話題をもった内容的に階層的な構造を示すことも多い」(p.50)。三牧 (1999) はこれを大話題と小話題と呼んでいる。本書でも、文字化資料を観察し小話題をコーディングしてから、小話題同士の結束性に着目して大話題をコーディングした。実際のコーディングの方法を示すために、以下に本書の会話データから例を提示する（例 1-1）。例中の「番号」は各話題のターン番号を表す。なお、新しい大話題の始まりには、発話内容内にスラッシュを二つ「//」挿入することとする。

例 1-1　話題のコーディング[6]　(接触場面 C)

番号	話者	発話内容	小話題	大話題
67	トク	ふふっ、うん。// じゃ、今、4 年生だから、就活です？	八代の進路	八代の就職活動
68	八代	就活中。		
69	トク	就活中。		
70	八代	はい。説明会に行ったりとか、(うん) あと、申し込み。あの、公務員試験受ける (うん) ので、その、願書を出したばっかりっていう風に。		
71	トク	なんになりたいですか？	希望職場	
72	八代	えっ？		
73	トク	なんになりたいですか？		
74	八代	なんか、市役所 (あー、市役所) の職員 (うん) になりたい。(あー)		
75	トク	ロシア語と関係がある仕事がよいですか？	言語	
76	八代	多分、あんまり関係のない仕事 (あー) です。なので、趣味でロシア語続けたい、続けられたらいいかなー (うん) って。// ロシアって、行ったことありますか？	トクのロシア訪問	トクとロシア
77	トク	ないですけど、でも、うちのい、いとこのお姉さん、行ったことある。		
78	八代	あ、(うん) そうなんだ。		
79	トク	あっちで、7 年間ぐらい (あー) 留学してました。うん。	トクの姉のロシア留学	
80	八代	そうなんだ。(うん) // 近いですよね、中国とロシア。そうでもない？	中国とロシアの地理的情報	中国とロシアの関係

　上記の例 1-1 では、ターン番号 67 まで「トクの研究」という話題が続いていたが、67 のトクの「じゃ、今、4 年生だから、就活です？」という質問をきっかけとし、「八代の進路」という小話題が始まっている。その後「希望職場」と「言語」という、八代の就職活動に関連する小話題が続くが、ターン番号 76 の八代による「ロシアって、行ったことありますか？」で「トクのロシア訪問」に話題が移る。「言語」と「トクのロシア訪問」にも内容のつながりは見

---

[6] 文字化資料の全角小かっこ（　）は相手の相づちを、クエスチョンマーク「？」は上昇イントネーションを表す。また、話者名は全て仮名である。

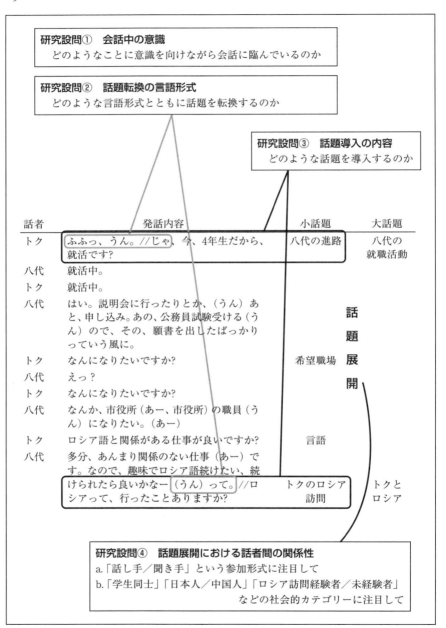

図 1-3　本書の研究設問

られるが、前後の内容の結束性から、「八代の就職活動」で一つの大話題とすることが適当だと考えられた。同じように、小話題「トクのロシア訪問」と「トクの姉のロシア留学」は、「トクとロシア」という大話題として捉えることができる。

以上が小話題と大話題についてである。以上を整理した上で、改めて、以下に研究設問を明示する（図1-3）。

1.4 本書の構成

第1章の最後に、本書の構成をまとめることとする。

第2章　インタビューの分析

研究設問①「母語話者と非母語話者の会話中の意識は、様々な経験を通じてどのように変化するのか」に答えるために、会話を分析対象とする前にインタビュー調査を行う。半構造化インタビューにより母語話者と非母語話者から、これまでの接触場面での経験を聞くことで、彼らが会話の中でどのようなことを意識しており、その意識がどのように変化してきたのか、探りたい。また、本章のインタビュー調査の結果が、第3章以降でどのような話者の会話を分析すれば協働の学習が見えてくるのか、示唆を与えてくれると考えている。

第3章　会話データの収集について

第4章から第6章では、会話を分析対象とする。第3章では、そこで分析対象とする会話データの収集について、第2章のインタビュー調査の結果に示唆を得ながら、その方法を説明することとする。

第4章　談話分析：話題転換における言語形式

研究設問②「母語話者と非母語話者はどのように話題を転換するのか。そして、それは接触経験の量によりどのように異なるのか」に答えるために、会話データの話題転換部に注目し、そこで話者がどのような表現を用いているのか、分析する。

第5章　談話分析：話題カテゴリー

　研究設問③「母語話者と非母語話者はどのような話題を導入するのか。そして、それは接触経験の量によりどのように異なるのか」に答えるために、会話データの中で話者がどのような話題を導入しているのかを分析する。

第6章　談話分析：話題展開における話者間の関係性

　研究設問④「母語話者と非母語話者は、参加形式及び社会カテゴリーの観点から、どのように話題を展開するのか。そして、それは接触経験の量によりどのように異なるのか」に答えるために、会話データの各大話題の展開の仕方に注目し分析する。

第7章　考　　察

　本研究の結果を、共生日本語の枠組みから捉え直し、考察する。最後に、本書の研究が、日本語教育にどのように還元できるのかを記すこととする。

第2章 インタビュー調査

　研究設問①「母語話者と非母語話者の会話中の意識は、様々な経験を通じてどのように変化するのか」に答えるために、本章ではインタビュー調査を実施しその結果を分析した。以下、調査方法、母語話者の意識、非母語話者の意識の順に見ていきたい。

2.1　調査方法

　インタビュー調査では、協力者にこれまでの経験を語ってもらい、接触場面で特に話題に関してどのような意識を持っているのか、その意識に影響を与えうる要因は何か、探索的に明らかにすることを目的とする。ただ、話題についての意識を協力者がインタビューで語るためには、協力者に十分に具体的な状況を思い返させる必要がある。そのため、インタビュー調査では、接触場面における経験についての包括的な語りを引き出すために、質問項目を話題に限定しなかった。英語母語話者と英語非母語話者のインターアクションについて分析した Yeh（2004）を参考とし、以下のような質問項目を用いた。

母語話者に対する質問項目例
- 初めて非母語話者と話したのは、いつですか。どのような印象を持ちましたか
- これまで話したことのある母語話者／非母語話者で印象に残っている人はいますか。どうして印象に残りましたか
- どのような非母語話者と、気楽に日本語を話しますか。どうして気楽に感じるのか、説明できますか
- 非母語話者と話していて、居心地悪く感じたことはありますか。どうして居心地悪く感じたのか、説明できますか
- （具体的な相手について）その人と話すとき、どのようなことを意識しましたか。普段の話し方と、違うところはあったと思いますか

非母語話者に対する質問項目例
- 初めて母語話者と話したのは、いつですか。どのような印象を持ちましたか
- これまで話したことのある母語話者で印象に残っている人はいますか。どうして印象に残りましたか
- どのような母語話者と、気楽に日本語を話しますか。どうして気楽に感じるのか、説明できますか
- 母語話者と話していて、居心地悪く感じたことはありますか。どうして居心地悪く感じたのか、説明できますか
- （具体的な相手について）その人と話すとき、どのようなことを意識しましたか。普段の話し方と、違うところはあったと思いますか
- 母語話者があなたに話すとき、どのようなとき理解できませんか、またどのようなとき居心地悪く感じますか。そのときはどのように反応しますか

　上記の質問項目を用意した上で、インタビューに臨んだ。ただ、本書では半構造化インタビューの方法を用いたため、上記の質問項目は、その順番どおり協力者に投げかけられたわけではない。また、インタビューの流れ次第では、他の質問を挟むこともあれば、協力者の自発的な語りにより質問項目に触れられた場合は、当該質問項目を用いないことも多々あった。
　協力者のサンプリングについては、母語話者と非母語話者でそれぞれ最初の一人を決め、母語話者には次の母語話者を、非母語話者には次の非母語話者を紹介してもらった。そして、紹介してもらう際には、自分よりも接触場面の経験が多い者を紹介してもらった。そのような雪だるま式サンプリング（snowball sampling、Vogt 1999）を用いることで、様々な経験を持つ人と出会い、様々な語りを聞くことができたと考えている。結果として、母語話者と非母語話者8名ずつから、協力を得ることができた。以下の表2-1に母語話者のインタビュー協力者8名、表2-2に非母語話者のインタビュー協力者8名のプロフィールを記す。なお、身分については、母語話者及び非母語話者の全協力者が、都内の大学または大学院の学生である。学生のみとなったのは条件統制をしたからではなく、1人目の協力者を学生としたところ、次の協力者として学生を紹介されることが多かったからである。社会人の母語話者にも何度か

表 2-1　母語話者インタビュー協力者のプロフィール

名前	性別	年齢	身分	非母語話者と関わる主な経験
岩田	女性	21	学部3年	1年オーストラリア留学・サークル活動
板井	女性	22	学部3年	1ヶ月アメリカ留学・サークル活動
鈴原	女性	22	修士1年	日本語教育専攻
佐々木	女性	22	修士1年	日本語教育専攻
加持	男性	25	修士2年	地域の国際交流団体・日本語教育専攻
河本	男性	22	学部2年	学部授業で留学生と交流
斉加	女性	22	修士1年	日本語教育専攻
市丸	女性	27	修士2年	1年アメリカ留学・留学生寮でのチューター経験

表 2-2　非母語話者インタビュー協力者のプロフィール

名前	性別	年齢	身分	国籍	日本滞在歴（累計）[1]
イワン	男性	33	研究生	インドネシア	4年2ヶ月
ブディ	男性	26	研究生	インドネシア	2年4ヶ月
リハン	男性	25	修士1年	シンガポール	6年3ヶ月
レイレイ	女性	23	研究生	中国	4ヶ月
エンテイ	女性	27	修士1年	中国	1年4ヶ月
リン	女性	24	修士2年	中国	1年10ヶ月
アナ	女性	25	研究生	スペイン	1年4ヶ月
アイデン	男性	25	交換留学生	トルコ	10ヶ月

接触したが、時間の都合が付かず、インタビューは実現しなかった。下記表2-1及び表2-2の名前は、全て仮名である。

　インタビューは全て、2014年5月から7月に著者が各協力者と2者間で実施した。1回のインタビューは約1時間であり、各協力者とのラポール形成のために、1人につき2回ずつインタビューを実施した。全てのインタビューは

---

[1] その経験の豊富さをサンプリングの基準としたため、協力者は必ずしも日本滞在歴が長い者ばかりではない。例えばレイレイは日本滞在歴が4ヶ月と他の協力者に比べて短いが、母国である中国の日本企業でインターンをした経験があるため、他の者よりも母語話者との接触経験が少ないということは決してない。

ICレコーダーで録音し、その音声データを文字化し、質的分析のための資料とした。

上記のように作成した分析資料の全発話文を、「何について話しているのか」に注目し、オープンコーディングした。その上で類似コードをカテゴリー化し、「話題」カテゴリーを作成した。本章では、まず母語話者及び非母語話者が接触場面においてどのような意識を持っているのか概観した後で、話題に関して語られた意識を見ていきたい。

2.2 母語話者の意識

本節では、母語話者から語られた意識を見ていくこととする。まず接触場面の会話全体に関する意識としては、以下の三つが確認できた。

 a. 分かりやすく話すように配慮する
 b. 相手の日本語習得が進むように配慮する
 c. 会話が円滑に進むよう配慮する

以下、話題に関する意識を、話題導入に関する意識と話題展開に関する意識とに分類し、見ていくこととする。それらの意識は、上の「c. 会話が円滑に進むよう配慮する」と関連して語られることが多かった。

2.2.1. 話題導入について

母語話者から聞かれた話題導入に関する意識は、以下の六つである。

 ①非母語話者が理解し会話に参加できるよう、その日本語レベルを考慮して話題を導入する
 ②相手が話したい話題や自信を持って話せる話題を探す
 ③話題を通して、非対称的な関係性を強調することを避ける
 ④「その人の国のこととか知りたいから」国の情勢に関する話題を導入する

⑤上級の非母語話者には自らの自己開示につながる話題を導入する
⑥冗談として相手が「○○人」であることを強調し、会話を積極的に盛り上げる

　上記の意識は利益の受け手という観点から、①②③は相手利益のための意識、④⑤は自己利益のための意識、⑥は双方利益のための意識と考えられる。以下、順に見ていく。
　まず、相手利益のための意識として最も多く聞かれたのは、「非母語話者が理解し会話に参加できるよう、その日本語レベルを考慮して話題を導入する」という意識である。特に具体的だった3名の語りを、以下に引用する。佐々木と鈴原は、日本語教育を専攻する大学院生である。

語り 2-1　岩田
　初級の人であれば、多いのは「何をした？」っていう、「今日何した」「週末何した」っていうような話題が多いですね。簡単に聞けるし、必ず何かしらしてるから、答えもあって。中級ぐらいになると、私はその人の国のこととか知りたいから、もうちょっと突っ込んで、何かそのときの、例えば今ウクライナの人とかいると「実際ウクライナとロシアってどうなの」とかそういうことも聞いたり。あとは本人がこれから先何をやりたいかとか。上級になるともう何でも話すので日本人とほんと変わらないですね。

語り 2-2　佐々木
　初級だったら、こっちからまずはすごい基本的な質問とか、簡単な話題から入って。文型も簡単で済みそうな話題というか。それで、割と簡単に答えられそうな質問で引き出そうとか。

語り 2-3　鈴原
鈴原：(中級の人と話す機会があったときは) 何の話題を提供したらいいか、悩みますね。
著者：どんなことを話しますか？

鈴原：まず学校について、授業についてっていうのを聞いていって、でまあ、普段家で何をしているとかから、趣味の話題を広げていったりとか。
著者：上級の人とは何を話しますか？
鈴原：上級の人とは、そうでうね。これからのことについて。将来どうするかみたいな。

（中略）

鈴原：初級だったら、こっちも制限するじゃないですか。話題とか。で話しかけるんだったら、絶対知ってる文型とか絶対知ってる語彙で話しかけるから、向こうも心的負担が少ないというか。ちゃんと返してはくれるんですよね。ただ、話は広がらないですけど。中級ぐらいの方が、どこまで話せるかというのが難しいので。だから、向こうも。だから、中級ぐらいが一番難しいかも。

　上記3名の語りからは、3名が非母語話者の日本語レベルによって導入する話題を選択していることがうかがえる。語り中の「初級／中級／上級」というレベルはあくまでも個人の相対的な目安であるため、それらがどの程度のレベルを指しているかは明確でない。しかし、上の語りから、非母語話者の日本語レベルに応じて話題を選ぶという母語話者の意識は、明らかである。さらに、日本語教育を専攻する鈴原と佐々木は、語彙と文型を話題と結び付けて語っている。そして、語りからは、その3名が相手の日本語レベルを判断し、理解可能であろう語彙と文型を推測し、それらを用いて話すことのできる話題を導入するというプロセスを推察することができる。語彙と文型の調整意識については、佐々木から「日本語教育系の授業を受けたからできるようになった」、日本語教育専攻ではない板井から「最初はできなかったけど非母語話者との会話に慣れてからできるようになった」という旨の語りが聞かれた。したがって、これらの日本語教育系の授業の受講経験及び非母語話者との接触経験が、間接的にではあるが話題導入意識にも、影響を及ぼしている可能性があるといえよう。
　また、語り2-1からは、具体的な話題は簡単であり、抽象的な話題は難しいという考えがうかがえる。話題の抽象性については口頭能力の評価基準の一つ

になることも多く、語り 2-1 の考えはその基準とも一致しているといえる[2]。

続いて聞かれた相手利益のための意識は、「相手が話したい話題や自信を持って話せる話題を探す」という意識である。以下に、母語話者2名の語りを引用する。

語り 2-4　市丸

　その子の、特に国のことですね、国のこと、性格のことについて、一つひとつ聞いていく。その子に私たちは興味があるんだよっていうことを示す。国のことを話すのが多いですね。で、すごくそのとき新鮮だったのが、日本人と違って、すごいみんな愛国心に溢れてるんですよね。自分の国が好きで自分の家族が好きで、で日本はその貢献するために来てるんだっていう子が多かったので、やっぱりそこを聞いてあげるっていうことはすごく効果的だったと思います。

語り 2-5　岩田

　あとはその人が、何かそれこそ自信があるものがあれば、それを見つけられたらいいなっていうのはあります。それがスポーツなのか学問なのか、それかもっと別な趣味みたいなことでも、「これは私結構できる」みたいなのが1個あったら、そこからまずは話題を広げます。

　上の語りから、非母語話者が自信を持って話せる話題、話したい話題、興味

---

2) 例えば独立行政法人国際交流基金による JF 日本語教育スタンダードでは、「母語話者とやりとりをする」というカテゴリーのうち、「抽象的」または「具体的」というキーワードを含む Can-do 本文として、以下の三つを記している。
　・［A1］こちらの事情を理解してくれるような話し相手から、はっきりとゆっくりと、繰り返しを交えながら、直接自分に向けられた話ならば、具体的で単純な必要性を満たすための日常の表現を理解できる。
　・［C1］　自分の専門分野外の話題についての専門家による抽象的な、複雑な話を詳しく理解できる。ただ、なじみのない話し方の場合は、特に時々詳細を確認する必要はある。
　・［C2］　標準的でない話し方や言い方に慣れる機会があれば、自分の専門分野を超えた専門家の抽象的な複雑な話題でも、話し相手の母語話者が言ったことが理解できる。

がある話題を探すという意識が見て取れる。そのような話題の重要性は、第二言語教育において Willing to Communicate（MacIntyre ほか 1998、以下 WTC）という概念を使って指摘されている。MacIntyre ほか（1998）によると、WTC とは「言語を用いて、特定の場で特定の人との会話に参加しようと思う意思」である（p.547）[3]。話題と WTC の関係について、Kang（2005）は、興味を持つ話題に参加するとき、非母語話者の WTC が高まることを明らかにしている。教室場面や診療場面、接客場面などの、話者が何らかの役割や責務を負う制度的状況（institutional settings、Drew & Heritage 1992）とは異なり、基本的にコミュニケーションの発生及び持続が話者に任されている日常的な雑談会話においては、特に WTC が重要になるといえよう。WTC がなければ、そもそもコミュニケーションが生じなかったり、持続しなかったりすることが考えられるからである。したがって、上記のような母語話者の意識は、非母語話者の WTC を高めるため、さらにはコミュニケーションの継続そのものにとって、有益であると考えられる。

　相手利益のための意識としてはもう一つ、「話題を通して、非対称的な関係性を強調することを避ける」という意識を聞くことができた。以下に、佐々木による語りを引用する。

語り 2-6　佐々木
　お互いに対する印象は、例えば「韓国人ってさあ、」とかいう話はやはり日本人としかしないですし、やっぱりそれはお互い避けてたのかなとは思うんですけど。

　先行研究として挙げたジャロンウィットカジョーン・加藤（2010）は、「日本人／タイ人」という非対称的な関係性に注目し導入された話題を、会話を盛

3）MacIntyre ほか（1998）は WTC のモデルを、6 層のピラミッド図で表している。それによると、一番上が実際の第二言語使用であり、2 層目が WTC である。その第二言語使用及び WTC の基盤となる要因として、3 層目から「状況的要因（その場におけるコミュニケーションの自信など）」「動機傾向（対人接触動機など）」「情意的・認知的コンテキスト（コミュニケーション能力など）」「社会的・個人的コンテキスト（性格など）」と続いている。

り上げるものとして肯定的に捉えていた。しかし、そのような非対称的な関係性の強調について、接触場面を批判的談話分析の枠組みから分析しているオーリ（2005）は、「母語話者と非母語話者の間に境界線を引いてしま」い、「『共生』の達成を困難にする」と注意を促している（p.142）。導入される話題にもよるが、上の佐々木は非対称的な関係性の強調を避けることで、相手が不快に感じたり居心地悪く感じたりする危険性を、回避していると考えられる。以上が、母語話者の話題導入に関する意識のうち、相手利益のための意識についてである。

　次の自己利益のための意識についての語りは、相手利益のための意識についての語りと比べると、少なかった。語られた意識の一つは、先に提示した岩田による語り1の、「『その人の国のこととか知りたいから』国の情勢に関する話題を導入する」というものである。自分にとって未知のことを知るために、それについて詳しい相手との会話でそれを話題とすることは、母語場面でも日常的に起こることである。接触場面における意識として特別に語られることが少なかったのも、そのためだと考えられよう。他の自己利益の話題導入意識としては、「上級の非母語話者には自らの自己開示につながる話題を導入する」という意識が聞かれた。以下にその例を提示する。

語り2-7　鈴原
鈴原：中級の人たちに「鈴原さん将来何をしますか？」と聞かれても、「あ、日本語教師になります」で終わっちゃうんですよね。上級の人たちには、まあちょっとその不安と言うか、「でもね」って始められるんですよね。
著者：それは語彙とか文型が原因ですか？
鈴原：どうなんでしょう。何でなんだろう。確かに言われてみれば、なんで何だろう。簡単な日本語で話せない内容なんですかね、それ。何なんだろう。

語り2-8　河本
　日本語レベルの低い学生さんだと、話題とかも結構限られてきますし、キャラを崩さないというか。レベルの低い学生に対しては。真面目なイメージなんですけど。実はそんなに真面目ではないというか。今すごく仲がいい上級の留

学生とは、僕も素が出せるというかいう気がしますけど、やっぱりレベルが低い学生にはあまり出せないです。

　上記のように、鈴原も河本も、上級の非母語話者に対しては自己開示することができると語っていた。鈴原はその理由が説明できなかったが、河本はその理由として「デスマス使っている時点で素は出せない」と、丁寧体使用を挙げていた。文末スピーチレベルは、話者間の心的距離を表す重要な指標である。丁寧体を用いながら自己開示できないのは、自己開示するには十分に距離が縮まっていないと、話者が感じているからだと考えられよう。以上が、母語話者によって語られた自己利益のための話題導入意識である。
　最後の双方利益のための意識としては、「冗談として相手が「〇〇人」であることを強調し、会話を積極的に盛り上げる」という意識が聞かれた。これは先に見た非対称的な関係性の強調回避とは、相反する意識である。以下に、加持と岩田の語りを引用する。

語り 2-9　加持
　むしろ、「やっぱり韓国人の日本語可愛いよね」とか、「ひとちゅふたちゅ（ひとつふたつ）」って本人に言っちゃうみたいな。

語り 2-10　岩田
　全然あの、タブーとかを平気で笑い飛ばすので、それこそその言葉だけ取ったら人種差別っぽかったりとか、洒落にしちゃいけないお国情勢とか。S国（中東の一国）から来てるやつにその、小包が届いて「あ、爆弾だ爆弾だ」とか。そういうのとかも平気でまあ、みんなそれを冗談として受け入れられる仲なので。

　上記は親しい友人同士の会話における冗談であり、だからこそ成立する冗談だといえよう。つまり、親しい友人だからこそ、それが冗談であると理解できるといえる。会話に現れる「遊び」としての対立を分析している大津（2004）も、「冗談で荒っぽいことばを言うとき、会話相手にもそれが冗談であると解釈してもらわなければならない」と述べている（p.48）。そうでなければ、こ

れらの発言は、相手に不快感を与えるだけのものになってしまう。上記の語りから、親しい友人間という限定された関係においては、非対称的な関係性の強調が会話を盛り上げるための冗談として機能する可能性が、示唆された。

　以上が母語話者から聞かれた話題導入に関する、六つの意識についてである。話題導入における先行研究では、対照研究で言語間の違いを明らかにするものや、接触場面におけるその困難に注目するものが多かったといえる。今回インタビューという方法により非母語話者との経験を幅広く聞いたことで、相手利益のための意識だけではなく、母語話者の自己利益のための意識も、聞くことができた。先に述べたように、日常的な雑談会話では、話者のWTCがコミュニケーション生起及び持続の重要な要素となる。そして、ここで見られた母語話者の自己利益及び双方利益のための意識は、母語話者のWTCに大きく影響すると考えられよう。そして、母語話者と非母語話者が積極的にコミュニケーションを行う多文化共生社会の実現のためには、非母語話者のWTCだけでなく、母語話者のWTCにも注目していく必要があるだろう。

　次に、母語話者から聞かれた、話題展開についての意識を見ていくこととする。

2.2.2. 話題展開について

　母語話者からは、以下二つの話題展開に関わる意識が聞かれた。

　①初中級の非母語話者に対し積極的に質問する
　②質問されて答えるだけではなく、できれば質問を返してほしい

　①は先に提示したとおり、「会話が円滑に進むよう配慮する」という意識を基盤とする言語運用に関する語りで、聞かれたことである。そのような「質問―応答型」の話題展開は、先行研究でも接触場面の特徴として指摘されていた（加藤2006、ほか）。インタビューでは、特に「初中級の非母語話者に対し」ということが強調されていたことから、母語話者が会話を管理するという意識から、派生するものと考えられよう。先に提示した語り2-2を、以下に再掲する。

語り 2-2　佐々木

　上級超級だったら、割と自分が受け身がちだったり、まあ自然というか。何もしないんですけど。初級だったら、こっちからまずはすごい基本的な質問とか、簡単な話題から入って。文型も簡単で済みそうな話題というか。それで、割と簡単に答えられそうな質問で引き出そうとか。

　ここにうかがわれる日本語レベルと「質問―応答型」の関係は、加藤（2006）による「非母語話者の日本語能力が低い場合は母語話者から話題を出せ」という規範意識とも、一致する。他の母語話者についても、話題展開に関する意識は初中級の非母語話者に対する意識として語られた。

　話題展開に関わる二つ目の意識は、「質問―応答型」で話題を展開させるという意識を語る際に、非母語話者の会話への参加について聞かれたものである。以下は板井の語りである。

語り 2-11　板井

　私が聞いても質問が返ってこないとか、「あなたは？」みたいなのがないと話が進まないから、そういう人とはコミュニケーションが取りにくいです。

　上の語りから、「質問されて答えるだけではなく、できれば質問を返してほしい」という期待が読み取れる。以上が、母語話者から聞かれた話題展開に関する意識についてである。①は主体的な相手利益の意識であり、②は相手に対する期待意識といえる。また、これらの意識については、特に非母語話者との接触経験や日本語教育系の授業の受講経験による変化は見られず、接触経験が浅い時期についての語りからも広く聞くことができた。

　以上が、母語話者から聞かれた、意識についてである。

2．3　非母語話者の意識

　以下では、非母語話者の語りに見られた意識を見ていくこととする。まず、非母語話者の接触場面における意識としては、以下の五つが確認できた。

a. 失礼にならないように配慮する
b. 仲良くなれるように配慮する
c. 正確な日本語を話そうと配慮する
d. 会話が中断せず続くように配慮する
e. 伝えたいことをはっきりと伝えるように配慮する

それでは、非母語話者から聞かれた話題導入についての語りと、話題展開についての語りを順に見ていくこととする。

2.3.1. 話題導入について

以下の三つが、非母語話者から聞かれた話題導入に関する三つの意識である。

①失礼な話題は避ける
②自分が興味のある話題を導入する
③面白い話題を導入する

利益の受け手という観点から分類すると、①は相手利益のための意識、②は自己利益のための意識、③は双方利益のための意識と考えられる。まず、下の語りが①の意識についてである。

語り2-12　レイレイ
　今思うと多分、何か、あまり失礼みたいな質問は避けていたかな。

　上記はレイレイが留学前の学部2年生時に、日本人留学生と学生寮でルームシェアしたときについてである。レイレイはこの半年後に日本語能力試験で旧1級を取得しているため、この時期のレイレイの日本語は中級後半から上級辺りだったと推測できる。当時話したことのある母語話者が日本語教師のみであり、母語話者との接触経験は多くなかった。しかし、留学後の現在では、そのような意識を強く持つことはなくなったということである。それは、留学後に母語話者と多く話した経験により、初対面会話における話題の規範意識を学ん

だ結果だと考えられよう。また、レイレイは日本語で話す際の「丁寧さ」について、母国の大学で母語話者の日本語教師から注意を受けることが多く、特に来日初期は「丁寧に話すことが非常に重要である」という意識を強く持っていたということを語ってくれた。「丁寧さ」に関する意識は、8名全ての非母語話者から語られた。そのような「丁寧さ」を重視した教育も、上記のようなレイレイの話題導入に関する意識に、影響していた可能性が考えられよう。

　次の自己利益のための意識としては、来日後に仲を深めた母語話者との会話について、リンから以下のような語りが聞かれた。

語り2-13　リン
　まあ田口さんの前では、結構話したいことを話せるような。結構、まあ2人とも深い話をできました。政治的なことでもいいし、社会的なことでもいいし。まああの、「ここのデザートがおいしい」とかいう話もいいんですけれども、まあそればっかじゃなくて、ちゃんと話せる人が好きっていう。

　上記のように「深い話」が好きであるため、リンは田口さんとの会話でそのような話題を導入することが多かったということである。他の人との会話で同じことをしても、なかなかその話題に興味を示す人はいなかったということであるが、田口さんとは興味が共通していたと語っていた。そのように興味が共通していたからこそ、田口さんとは仲を深めることができたという。リンは来日前に中国の大学で、中国人非母語話者と日本人留学生が参加する「日本語コーナー」という集まりに毎週参加していた。学生同士の交流と日本語会話の練習を目的とした集まりであり、毎週様々な日本人留学生と話す機会があったという。以下に、リンによる、話題に関する語りを引用する。

語り2-14　リン
リン：日本語コーナーにはあまり行かなくなった。
著者：どうしてですか？
リン：うーん、どうしてですかね。会話のテーマがあんまりかわんなくて。
著者：やっぱりずっと出てると。

リン：そうですね、つまらないっていうか。新しい人がどんどん来るから、また頭から始めて。
著者：同じ自己紹介から。
リン：はい、はい。そういうのがちょっと。
〜中略〜
著者：学部1年のときに、そこまで深い関係にならなくても日本人と色々と話しましたよね？　その会話はどうでしたか？
リン：すごく普通の会話でした。そんなに印象に残っていなくて。
著者：じゃあ、どういうことを意識して話していたかとか、覚えていますか？
リン：意識していたというより、向こうから何か聞かれて、でそれに答えているという感じです。
著者：リンさんから質問することは？
リン：うーん、まあ簡単なのはありました。あの、同じことがありますか？みたいな感じ。
著者：ああ、でも向こうからの方が多かったですか？
リン：はい、そうですね。話すことができるレベルというのも関わっているので。
著者：他に何か、難しかったこととか大変だったことで覚えていることはありますか？　嬉しかったことでも。1年生のときに日本人と話す中で。
リン：ああ、話す時間はそんなに多くなくて、多くの時間はやはり文法や単語の勉強ですね。そのコーナーの時間も週に1回しかなくて、その時間も結構短いというか1時間、60分ぐらいで。まあ人数も多い中で。特に深い印象は残っていません。

　日本語レベルが低い非母語話者に対して、母語話者が話題を限定することは、先に見たとおりである。しかし、上の語りからは、そうして限定された話題にリンが慣れてしまい、コミュニケーションの価値を見出せなくなっていること、つまりWTCが低くなっていることが分かる。ただ、興味を持っている「深い話」については、まだ「話すことができるレベル」でなかったため、話題にできなかったということである。ここに、日本語レベルが十分でないために、本当に話したい話題を話すことができないという、リンの過去のジレンマがうか

がえる。

　最後に、双方利益の意識としては、母語話者と同様に会話を盛り上げるための意識が聞かれた。以下に引用する。

語り 2-15　アイデン
　なるべく楽しい会話。日本人ちょっと恥ずかしいから、もっと早く仲良くできるように。特に日本では今、時間がないから。

　1年間の留学生活を送っているアイデンは、上記のように会話が楽しくなるように意識していると語っていた。具体的に何をしているか聞いたところ、「面白い話題を出したり」という旨の回答が得られた。以上が、少数ではあるが、非母語話者から聞かれた話題導入に関する意識である。また、その意識に影響を与える要因としては、母語話者との接触経験と日本語授業の経験が示唆された。
　母語話者の結果と同様に、先行研究で注目されることの少なかった自己利益及び双方利益のための意識を聞くことができた。口頭能力が十分であるにもかかわらず、適切な話題や話したい話題が見つからずにコミュニケーションを諦めてしまう非母語話者がいるのであれば、上で聞かれた自己利益及び双方利益の意識を十分に探る必要があるといえよう。

2.3.2. 話題展開について

　話題展開に関する意識としては、母語話者からの積極的な質問に対する以下のような意識のみが聞かれた。

　　①相手に積極的に質問してほしい

　この意識については、話題展開に際して自らの言語運用につながるものではなく、相手の言語運用を期待するものである。そのため、話題導入について見られたような意識とは、区別する必要があるだろう。このような相手への期待意識は、多くの非母語話者から聞くことができた。以下に語りを引用する。

第 2 章 インタビュー調査

語り 2-16　リハン

リハン：ホストファミリー、そうですね。まあ自分のこととかだったり、シンガポールのこととか、色々好奇心が強かったので色々聞いてくれてて。それで、そうですね。

著者：聞いてくれると話しやすいですか？

リハン：そうですね、やっぱり。そうですね。話題を振ってくれるという意味で。

語り 2-17　イワン

著者：そのたくさん質問してくるのは、嬉しかったですか？

イワン：そうですね、最初のころは何について話せばいいか分からなかったので、やはりこう質問してもらって答えるというのが一番楽、楽というかやりやすかったですね。

　上の語りは両者とも、日本語能力試験旧1級は取得しているものの、母語話者と話した経験はそれほど多くなかった時期についてである。これらの語りから、そのような時期の母語話者からの積極的な質問が、話題を展開する上で有効であることが分かる。ただ、日本滞在期間が長くなり、母語話者と話す経験を重ねるにつれ、上の2人は自分からも話題を展開できるようになったと語っていた。

　また、イワンは多人数会話で自身が話題に入れなかった経験を、以下のように語ってくれた。

語り 2-18　イワン

　日本語があまりこう、コミュニケーションの取り方とか話題があまり分からなかったときは、会話に入れないということもたくさんあって。飲み会とかで1人になってしまったり、その、あのー話されている話題に入れなくて1人になってしまったり。自分が非母語話者ですから、やはり自分が持っている情報と母語話者が持っている情報に量の違いがあるから、そうなってしまうと思うんですけれども。まあそれはしょうがないですね。たまに「いれてくれないんだ」という気持ちもあるんですけど、多分日本人から見ると、やはり入れると

いうことも難しいんじゃないかと思ったりして。

　イワンはインタビューの中で、上記のように母語話者に対する配慮を見せつつ、「1回でいいから質問してチャンスを与えてほしい」と語っていた。今回、母語話者からは、ほとんど多人数会話における話題展開についての意識は聞くことができなかった。多人数会話と2者間会話では発話権の取り方も大きく異なり、多人数会話ではイワンのように、その場にいながらも会話に参加できないということもありうる。そのような会話における話題展開についても、今後検討していく必要がある。

　以上が、非母語話者による話題展開に関する語りである。話題展開については、主体的に何かをするというような意識は聞くことができず、母語話者への期待意識のみが聞かれた。そこには、日本語能力試験で上級と認められても、なかなか自分から話題を展開することができない非母語話者の姿があった。ただ、そのような非母語話者も、母語話者との接触経験を積むにつれて話題展開の方法を学んでいくことが、示唆されたといえる。

2.4　インタビュー調査のまとめ

　本章では、談話分析に先立ち、母語話者及び非母語話者に対してインタビューを実施した。インタビュー調査であるため、語られた意識及び言語運用が、実際の会話での意識及び言語運用と異なる可能性は残される。また、明確な意識を持たずにしている言語運用や、語ることが難しい意識もあるだろう。その点は、談話分析の結果も合わせて検討していく必要がある。ただ、インタビューを実施したことにより、母語話者及び非母語話者による詳細な語りを提示することができた。加えて、インタビューという方法を取ったからこそ、これまでの意識の変化に迫ることができたと考えている。
結果として、母語話者と非母語話者に確認できた話題に関する意識を、以下にまとめることとする。

母語話者
　a. 話題導入
　　非母語話者が理解し会話に参加できるよう、その日本語レベルを考慮して話題を導入する
　　相手が話したい話題や自信を持って話せる話題を探す
　　話題を通して、非対称的な関係性を強調することを避ける
　　「その人の国のこととか知りたいから」国の情勢に関する話題を導入する
　　上級の非母語話者には自らの自己開示につながる話題を導入する
　　冗談として相手が「○○人」であることを強調し、会話を積極的に盛り上げる
　b. 話題展開
　　初中級の非母語話者に対し積極的に質問する
　　質問されて答えるだけではなく、できれば質問を返してほしい

非母語話者
　a. 話題導入
　　失礼な話題は避ける
　　自分が興味のある話題を導入する
　　面白い話題を導入する
　b. 話題展開
　　相手に積極的に質問してほしい

　さらに上記の意識に加えて、インタビュー調査では母語話者と非母語話者の意識に影響を与える要因が明らかになった。母語話者の意識に影響しうる要因として提示されたのは、日本語教育系の授業を受講した経験と非母語話者との接触経験である。一方の非母語話者の意識に影響しうる要因として提示されたのは、日本語授業を受講した経験と母語話者との接触経験である。両者の意識を変化させる要因として、その接触経験が提示されたことから、次章の談話分析では接触経験の異なる話者を比較していきたい。

第3章　会話データについて

　本章では、談話分析について述べることとする。本書の研究では、談話分析の方法として、宇佐美（1999）の言語社会心理学的アプローチを参考にした。当該アプローチの特徴として、量的分析における信頼性を確保するための手続き、及び量的分析を質的分析で補うための手続きを、具体的に定めていることが挙げられる。以下に、その具体的な手順を引用する。

(1)　目的に応じて（男女差を見るのか文化差を見るのか等）、条件を統制してデータを収集する。
(2)　フェイス・シート、フォローアップ・アンケート（インタビュー）などで、必ずインフォーマントの背景的情報や、会話自体に関する感想などを収集し、五段階評定法を用いるなどして、なんらかの定量的処理ができるようにする。また、自由記述なども参考にする。
(3)　定量的分析がしやすい形で文字化資料を作成する。
(4)　分析項目をコーディングして、定量的処理ができるようにする。
(5)　コーディング（分類など）の「信頼性」は、二人のコーダー間の判定の一致率（単純一致率に、偶発一致率を考慮した修正を加えたもの—(Cohen's Kappa)）にて判断する。
(6)　コーディングの過程で記号化し得なかった特徴などを、必ず、定性的な分析で確認・検討する。

(宇佐美1999、p.53)

　上記アプローチに従い、研究目的に応じた条件統制をしてデータ収集を行い、音声を文字化した。本章では、データ収集の協力者についてと、データ収集の方法について順に説明する。

3.1 データ収集の協力者

　話題の導入や展開の仕方には、まず話者の世代及び性別、身分が影響すると考えられる。そのため、本書では、母語話者と非母語話者の両者を、20代女性の学生とした。さらに、どのような話題を導入するのか、そしてどのようにそれらを展開するのかには、話者間の関係性が大きく影響するだろう。そのため、本書の研究では、話者間の関係性の影響を最小限にとどめるために、両者を都内A大学に通う、初対面の者とした。大学を限定したのは、通う大学が話者間で同じ場合と異なる場合で、導入される話題が変わることが予想されるからである。したがって、全会話は、都内A大学に通う20代女性の学生同士の初対面会話となる。加えて、母語話者は、学年が大きく変わることのないよう、学部3年生と4年生に統制した。非母語話者については、母語の影響をなくすために、中国語を母語とする者に統制した[1]。さらに、日本語レベルを統制するために、日本語能力試験のN1に合格してから、1年以上日本語学習を続けた者という条件を設けた[2]。したがって、全ての非母語話者は、上級日本語学習者であるといえる。

　また、第2章のインタビュー調査では、日本語教育に関する授業の受講経験が、母語話者の意識に影響しうることが明らかになった。そのため、本研究では、全ての母語話者を日本語教師の経験がなく、日本語教育を主専攻としない者とした。

　さらに、本書ではインタビュー調査の結果を基に、母語話者と非母語話者を接触経験の多寡で統制することとした。母語話者の接触経験を統制した先駆的な研究である村上（1997）は、日本語教師でない母語話者を、「非母語話者と

---

1) 中国語の中にも様々な方言があり、出身地域による規範意識に違いがある可能性も、考慮する必要がある。しかし、本研究では、大学及び日本語レベルを統制したこともあり、出身地域まで統制して協力者を集めることが極めて困難だった。地域による違いは、今後の課題としたい。
2) 日本語能力試験のレベルは2010年に変更された。その前に試験を受けた非母語話者については、条件を1級合格者とした。旧1級が現行のN1に相当することは、日本語能力試験公式ウェブサイトにも明記されている。

の日本語での接触経験の多い人（南山大学外国人留学生別科職員2名及びある日本語学校の職員1名、平均勤務年数8.8年）」と「（他のグループの）いずれにもあてはまらない人。通常、非母語話者との接触はほとんどない」という二つのグループに、分類している（p.142-143）。また，栁田（2011）は、接触経験が多い母語話者を「全員親しい外国人の友人がおり、普段から外国人と日本語で接触する機会は多」く、「普段の会話は日常会話だけでなく専門などの話題についても、日本語で行う」者としている（p.54）。一方で、接触経験が少ない母語話者を、「外国人との日本語での接触経験は、あいさつ以外ほとんどない」者としている（p.54）。本書では、栁田（2011）の「普段から」という基準を「週に2回以上」と明確にし、加えて非母語話者と接触してきた期間も条件として用いることとした。また、本研究では、村上（1997）や栁田（2011）のように協力者にタスクを課すのではなく、雑談会話を収集する。そこで、接触経験についても、これまで母語話者及び非母語話者と雑談した経験を、その条件として用いることとした。本書での雑談とは、筒井（2012）の「特定の達成するべき課題がない状況において、あるいは課題があってもそれを行っていない時間において、相手と共に時を過ごす活動として行う会話」（p.33）を指す。したがって、アルバイト先での業務上の会話や、母語話者のチューターに日本語指導を受ける会話は、そこに含まれない。特に雑談の経験に注目するのは、「特定の達成されるべき課題」がある会話と違い、雑談ではどのような話題を導入しどのように展開するかが話者に任せられていると考えられ、それに関する学習を見るのに適当だと判断したからである。以下が、母語話者の接触経験についての条件である。

接触経験の多い母語話者
　…非母語話者と週に2回以上日本語で雑談していた期間が1年以上ある。
接触経験の少ない母語話者
　…非母語話者と週に2回以上日本語で雑談していた期間がこれまでない。

次に、非母語話者についてであるが、先行研究には日本語能力試験や日本滞

在歴から非母語話者を統制しているものが多く、接触経験から非母語話者を統制している研究は、管見の限り見当たらない。そこで、本書では、母語話者の条件と同様に、週に2回以上日本語で雑談する期間を、条件として用いることとした。ただし、母語話者と違い、日本に滞在している非母語話者の学生で、「週に2回以上日本語で雑談していた期間がこれまでない」者は見つからなかった。そのため、本書では、その期間を以下のように調整し、非母語話者を統制することとした。

接触経験の多い非母語話者
　…母語話者と週に2回以上日本語で雑談していた期間が2年以上ある。
接触経験の少ない非母語話者
　…母語話者と週に2回以上日本語で雑談していた期間が1年未満である。

　以上の条件統制をした上で、本書では接触経験の多い母語話者と少ない母語話者、接触経験の多い非母語話者と少ない非母語話者、それぞれ8名ずつ、全32名の協力を得た。ただ、上記の母語話者及び非母語話者の接触経験の統制については、「週に2回以上」という頻度及び「1年未満」などの期間について、その妥当性を今後検討していく必要がある。さらに、その頻度と期間だけではなく、接触経験の「質」も考慮していかなければならないことを、ここに記しておく。

　次節では、データ収集の流れについて説明したい。

3.2　データ収集の方法

　本書では、2者間の大学生による初対面雑談会話を録音録画し、分析対象とした。雑談会話を分析対象とする先行研究には、データ収集のため協力者を会議室に2人切りにし、会話をさせる研究が多い。本書では、より自然な会話を収集するため、多人数による交流会場面を設定した。そのようなデータ収集用の交流会に参加を希望する者を集めるために、大学構内に「中日交流パーティ

ー参加者募集」のポスターを掲示し、協力者を募った。協力者として連絡してくれた者を、前節の条件により統制した上で、データ収集を実施した。多人数が集まり飲み物と軽食が用意された場で、著者が指定した組み合わせで話してもらうことにより、会議室で収集する会話よりも、自然な会話が収集できたと考えている。

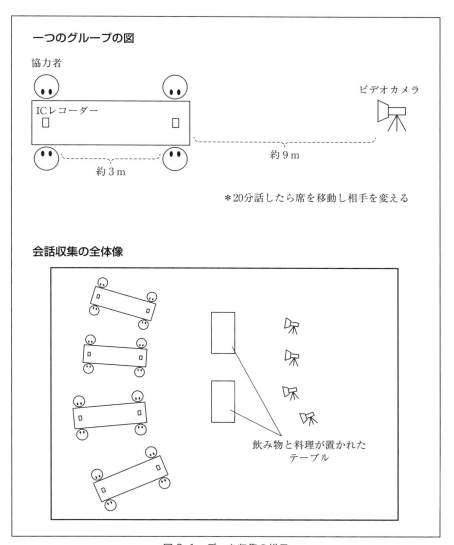

図3-1　データ収集の様子

データ収集は全32名の協力者を16名ずつに分け、2015年6月4日と18日に行った。当日協力者には、データ収集に関する倫理規定を記した同意書に署名してもらった後で、著者の指示により、決められた席に着いてもらった。それぞれのテーブルに、接触経験の多い母語話者と少ない母語話者、接触経験の多い非母語話者と少ない非母語話者が1名ずつ、計4名が集まった。そして、自分以外の3名と、20分ずつ2者間で話してもらった。その様子を図3-1に示す。

収集した5種類の会話群を、図3-2にまとめる。各会話群はそれぞれ8会話からなり、全部で40会話となる。

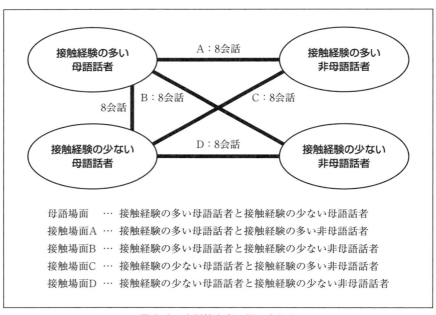

図 3-2　会話協力者の組み合わせ

なお、データ収集当日は、母語場面のデータを収集している際に、非母語話者が手持ち無沙汰とならないため、また交流会場面の雰囲気を損なわないように配慮し、非母語話者同士の会話も収集した。ただ、本書では日本語会話に分析対象を絞るため、非母語話者同士の中国語会話は分析対象としない。

データ収集後には、後日1人ずつ、90分のフォローアップインタビューを行った。インタビューでは、実際の会話中の音声及び映像を視聴しながら、相手への印象から各場面で意識したこと、感じたことなどを広く質問した。以上がデータ収集についてである。

3.3 大話題と小話題のコーディング結果

前節のように収集したデータから、分析のために文字化資料を作成した。文字化資料は、話者の発話ターンに基づいて発話内容を改行し、発話内容にはターン番号と話者を併記した。

また、文字化資料の大話題と小話題を、1.3に記した方法でコーディングした。各会話は20分間であるが、時間で区切ってしまうと、話題が展開する途中で会話が切れてしまう。そこで、本書では話題の切れ目に注目し、各会話の20分間の文字化資料において、15分時点以降で新しい大話題を導入している発話の直前までを、分析対象とすることとした。

その結果、全40会話は総計657分42秒、ターン数は9497となった。そして、全40会話で15分以内に導入された大話題は計621、それを構成する小話題は

表3-1 各会話群の時間、ターン数、大話題数、小話題数

会話	話者の種類	時間	ターン数 (計／話者別)	導入された 大話題数 (計／話者別)		導入された 小話題数 (計／話者別)	
母語場面	経験多い母語話者 経験少ない母語話者	130分49秒	2057	1028 1029	136	75 61	369	184 185
接触場面A	経験多い母語話者 経験多い非母語話者	131分23秒	2104	1053 1051	118	58 60	389	187 202
接触場面B	経験多い母語話者 経験少ない非母語話者	127分49秒	1732	865 867	119	59 60	307	146 161
接触場面C	経験少ない母語話者 経験多い非母語話者	138分28秒	1950	975 975	133	57 76	404	174 230
接触場面D	経験少ない母語話者 経験少ない非母語話者	129分13秒	1654	829 825	115	55 60	314	155 159
計		657分42秒	9497		621		1783	

計 1783 だった。1 会話当たりの大話題の平均は 15.5 であり、小話題の平均は 44.6 である。それらの情報を会話群ごとにまとめたのが、表 3-1 である。表中の頻度などについては、各会話群内で目立ったばらつきは見られなかった。

　各コーディング項目については、本章の最初に記したとおり、著者と評定協力者との間の一致率である評定者間信頼性係数を算出した。その結果、「大話題」は 0.82、「小話題」は 0.86 という値を得ることができた。値の高さの基準については先行研究でも意見が分かれているが、提唱者の Bakeman & Gottman（1986）は「それが 0.7 以下だと（その信頼性に）懸念が生じる」と述べている（p.66）。この記述を参考にし、コーディングの信頼性が確保できたと考えた。

　大話題と小話題以外の項目のコーディングについては、各章の初めに説明することとする。

第4章　談話分析：話題転換における言語形式

　研究設問②「母語話者と非母語話者はどのように話題を転換するのか。そして、それは接触経験の量によりどのように異なるのか。」に答えるために、会話データの話題転換部を分析する。具体的には、一つの大話題を終わらせ、次の大話題を導入する際に用いられる言語形式を見ていくこととする。関連する先行研究とコーディングの方法について述べた後で、分析結果に移る。

4.1　先行研究

　話題導入における言語形式である、話題転換表現についての先行研究を見ていく。雑談会話では、様々な話題が参加者によって導入される。新しい話題の導入は、先行話題から後続話題への転換を意味する。先行研究では、円滑な話題転換の重要性が強調され、母語話者と非母語話者の会話において、円滑でない話題転換が話者間の摩擦の原因にもなりうることが、指摘されてきた。例えば田中（2015）は、母語話者の立場から、非母語話者と話す際に「話題の転換が唐突に感じられたり、こちらがまだ話し終わっていないのに別の話題に切り替わったりする等、話の進め方に違和感を覚えること」があること、そしてそのような違和感が、「ひどい場合には『話を聞いていない』『重視されていない』等相手への不信につながってしまう可能性さえ」あると述べている（p.131）。さらに、楊（2011）は非母語話者である自身の経験を踏まえて、以下のように記している。

> 　著者が中国の大学で日本人留学生と話をしていたとき、話の途中で日本人留学生に「話を変えてもいいですか」と聞かれ、ひどく慌てたことがある。「それまでの話がつまらなかったのだろうか？」「これから、何か重要なことでも言い出すのだろうか？」などと様々な推測をしたためだ。しかし、話が進んでも、一向に特別な話は始まらない。つまり、彼女は何か特別な話題を始めようとしたわけではなかったのだ。

このような日本語母語話者の話題開始の仕方に対して、当時の私は、ある種の違和感を抱いた。また中国人学生から、「日本人は話題を出すことに消極的だから話をしていて疲れる」といった感想もよく聞く。それが理由で、交流を止めてしまう人さえいる。

（楊 2011、p.185-186）

　ここから、母語話者にとっても非母語話者にとっても、接触場面における話題転換の方法がその後の対人関係の形成に、重要な影響を与えうるといえる。
　先行研究では、円滑な話題転換に資する要因として、先行話題の終了表現と後続話題の開始表現が、主な分析対象とされてきた。本書では、それら二つをまとめて、話題転換表現と呼称する。前者は「先行話題が十分に話し尽くされ、それを転換する必要があること」（Covelli & Murray 1980、p.385、筆者訳）を確認するためのものであり、相づちや話題をまとめる発話が該当する。後者は村上・熊取谷（1995）で「結束性表示行動」とも呼ばれ、先行話題と後続話題がどのように結束しているのか、また結束していないのかについて、表示する表現である。それには「あのう」などのいいよどみ表現や、「話は変わるが」などのメタ言語表現などが該当する。終了表現により「先行話題が十分に話し尽くされた」ことを確認し、開始表現によりどのような新話題を導入するのか予告することで、唐突な印象につながる危険性を減らすことができると考えられる。先行研究では、それらの表現がないために「聞き手の戸惑いが発生し、会話が円滑に進まない結果となる」（エミ 2013、p.46）例も提示されており、終了表現及び開始表現の重要性が主張されている。
　楊（2005）は、話題の終了表現に関する主要な先行研究（水川 1993、メイナード 1993、村上・熊取谷 1995、中井 2003 など）と、開始表現に関する主要な先行研究（佐久間 1990、メイナード 1993、村上・熊取谷 1995、田窪・金水 1997、前原 2000 など）により提示された話題転換表現を、以下のようにまとめている。

先行話題の終了表現
　相づち：「はい」「うん」などの短い表現。応答として使われるものは含

まない
まとめや評価：話題の内容（自分の話と相手の話両方を含む）をまとめ、
　　　　　　　評価する発話
笑い：はっきりとした呼気を伴う笑いで、微笑みは含まない
繰り返し：自分または相手の発話の一部または全部を繰り返す発話、た
　　　　　だす相手に確認を要求するものは除く

後続話題の開始表現
　いいよどみ表現：「あのう」「えっと」等会話の展開、内容などを示す手
　　　　　　　　　がかりとなる表現
　接続表現：「でも」「それで」等先行話題とのつながりを示す表現
　認識の変化を示す感動詞：「えっ」、「あっ」等会話の方向性が変わった
　　　　　　　　　　　　　ことを示す感動詞
　呼びかけ：相手の名前を呼びかけとして用いる場合
　メタ言語表現：「話は変わるが」等話題として取り上げることを示す表現
　　　　　　　　　　　　　　　　　　　　　　　　（楊 2005、p. 34）

　母語話者は上記のような表現を用いながら、円滑な話題転換を行っていると考えられる。さらに、楊（2007）は、West & Garcia（1988）を参考に、終了表現の有無という形式に注目し、話題転換を以下のように、協働的転換、一方的転換、突発的転換の三つに分類している。

　　協働的転換：両者の終了表現後に生じる話題転換
　　一方的転換：どちらか一方の終了表現後に生じる話題転換
　　突発的転換：どちらの終了表現もなく生じる話題転換

　楊（2007）は上記のような三つの分類を示した上で、「相手の意向を確認し、判断を共有しながら会話を協働的に進めていく」協働的転換が、聞き手に唐突だと感じさせないという意味で、最も安全だと述べている（p.49）。反対に、どちらの終了表現もないまま話題が転換する突発的転換は、その名のとおり、

唐突な印象につながりやすいといえる。楊（2005）は中国語母語の非母語話者と母語話者の初対面会話を分析し、母語話者に協働的転換が多く、非母語話者に一方的転換と突発的転換が多いことを明らかにしている。李（2014）も同様に、接触場面の初対面会話における終了表現に注目し、その対人関係への影響に言及している。李（2014）は結果として、「『一方的／突発的終了』であっても、相手が持つ会話進行の決定権に配慮するような話題選択を行えば、唐突な話題終了のマイナスを相殺」することができるとし、具体的には「相手だけが情報提供のできる」相手話題を後続話題とすることを、その方法として挙げている（p.24-28）。話題転換がもたらす対人関係への影響を分析していること、そしてそこに終了表現の有無だけでなく、後続話題の内容も関係することを示唆している点で、李（2014）は意義深い。

　楊（2005、2007）と李（2014）が終了表現に注目しているのに対して、小暮（2002）は開始表現に注目している。小暮（2002）はACTFL-OPIの初級1名、中級5名、上級3名がそれぞれ参加する母語話者友人との接触場面における、非母語話者の話題転換を分析した。日本語レベルが初中級の非母語話者は、そもそも話題転換の頻度が少ないという結果だったが、少ない中でどのような表現を用いたのか明らかにしたことに、意義があるといえる。また、上級の非母語話者による開始表現の不適切な例として、「そういえば」の代わりに「そういうと」が用いられていたことなどを挙げ、上級でも「他の表現形式との違いにおける話題転換表現の機能を十分に理解しているとは言え」ないことを指摘している（小暮2002、p.20）。異なる日本語習熟度の非母語話者を対象としたことに意義はあるが、対象とした非母語話者が非常に少ないことが、課題として指摘できよう。

　また、上に挙げた楊（2005、2007）と李（2014）は先行話題の終了表現のみを、小暮（2002）は後続話題の開始表現のみを分析対象としている。しかし、終了表現がなくとも、「ちょっと話が変わりますが」などの開始表現で唐突さが緩和される可能性はあり、逆に開始表現がなくとも、終了表現の有無でその唐突さは大きく変わると考えられる。したがって、その円滑さや唐突さを議論するためには、終了表現と開始表現の両者を分析対象とすることが、必要である。

　さらに、上記の研究は、話題転換における表現という形式に注目しているが、

先行話題と後続話題の内容の結束性には、ほとんど注意を払っていない。村上・熊取谷（1995）は内容の結束性から、話題転換を以下の三つに分類している。

　　新出型：先行話題で言及されなかったことが後続話題となる話題転換
　　派生型：先行話題で言及されたことから後続話題が選ばれる話題転換
　　再生型：先行話題での言及はないがそれ以前に言及されたことが後続
　　　　　　話題となる話題転換

　後続話題が先行話題と全く関係ない話題なのか、先行話題から派生した話題なのかで、用いられる表現は異なるだろう。そして、話題転換の唐突さについては、隣接する先行話題と後続話題に関係がない、新出型と再生型の話題転換に特に注意が必要だと考えられる。そこで、本書では、内容の結束性という観点から話題転換を新出型、派生型、再生型に分類した後で、特に注意が必要な新出型及び再生型に焦点を絞り、そこで用いられている表現の分析に移りたい。最後に先行研究の課題として挙げられるのは、非母語話者が円滑な話題転換に必要な表現をどのように学習していくのか、明らかにする研究がなかったことである。学習を明らかにするには、日本語習熟度が異なる非母語話者を対象としたり、特定の非母語話者を縦断的に分析したりすることが望ましい。そのような研究は管見の限り小暮（2002）のみだが、小暮（2002）は先述のとおり、開始表現のみを分析対象としており、非母語話者の数も非常に少なかった。以上が話題転換に関する、主な先行研究についてである。

4.2　文字化資料のコーディング

　本書での話題転換とは、大話題から大話題への移り変わりのことである。話題転換を同定後、先行研究を参考に内容の結束性という観点と、形式的な観点から、コーディングを進める。
　まず先行話題と後続話題の内容の結束性に注目し、それらを「新出型／派生型／再生型」にコーディングした。村上・熊取谷（1995）によるそれらの定義を、以下に再掲する。

新出型：先行話題で言及されなかったことが後続話題となる話題転換
派生型：先行話題で言及されたことから後続話題が選ばれる話題転換
再生型：先行話題での言及はないがそれ以前に言及されたことが後続話題となる話題転換

　次に、話題転換における、先行話題の終了表現と後続話題の開始表現をコーディングした。その分類については、楊（2005）の先行研究のまとめを参考とする。それは先に提示したとおり、「終了表現：相づち／まとめや評価／笑い／繰り返し」と「開始表現：いいよどみ／接続詞／感動詞／呼びかけ／メタ言語表現」である。さらに、終了表現に含まれる表現は終了表現としてでなく、単に相手への反応として話題転換直前に観察されることもある。本書では、そのような場合には終了表現としてコーディングせず、話題に一区切り付けるために用いられたと考えられる場合のみ、それを終了表現としてコーディングした。本文中に例示する際は、読みやすさのために終了表現に下線を、開始表現に二重下線を記すことで、それらのコーディング結果を示すこととする。ここで、本書のデータから、終了表現及び開始表現を伴う話題転換を1例提示することとする。例4-1の望田は母語話者であり、ケツは非母語話者である。

例4-1　終了表現と開始表現を伴う話題転換（接触場面C）

番号	話者	発話内容	小話題	大話題
		〜中略〜		ケツの出身地
47	ケツ	冬に入ってからも、結構寒い（ああ）ときもあります。（そっか）はい。（うん）ふん、だいたい東京と同じくらい感じかな。	気候	
48	望田	ああ、こんな感じか。		
49	ケツ	うん。（うん）〈笑い〉		
50	望田	//なん、うんと、何だろう。どこに住んでるんですか？	住居の場所	ケツの住居
51	ケツ	今ですか？学校の寮に。（ああ）3号館に住んでいます。	寮	

　例4-1では、ターン番号50の望田の新話題導入により、話題転換が生じて

いる。話題転換前に注目すると、ターン番号 48 の「こんな感じか」は直前の発話の一部の繰り返しであり、それまで続いた話題のまとめとして捉えられる。それに続く 49 の両者の相づち及びケツの笑いも、当該話題が「十分に話し尽くされた」ことを確認する、終了表現と考えられる。次の 50 の新話題導入発話には、「なん、うんと、何だろう」といういいよどみが確認できる。これは「次の話題を考えている」ことの表示であり、先行話題と関係のない後続話題の導入を予告する、開始表現だと考えられる。そして、これらの表現を用いることで、話題転換が唐突だと相手が感じる危険性が低くなっているといえよう。

上記のように、話題の終了表現と開始表現をコーディングしたことに加えて、話題終了表現の有無に注目し、その形式的な話題転換分類もコーディングした。本書で用いた、楊（2007）による形式的な話題転換分類を、以下に再掲する。

　　協働的転換：両者の終了表現後に生じる話題転換
　　一方的転換：どちらか一方の終了表現後に生じる話題転換
　　突発的転換：どちらの終了表現もなく生じる話題転換

以上が、話題導入に関するコーディングについてである。それでは、次節からコーディングの結果を見ていきたい。

4.3　内容の結束性から見た話題転換分類

次ページの表 4-1 の値が、内容の結束性に注目し分類した、40 会話における 581 回の話題転換の頻度であり、かっこ内は各場面の各話者の話題転換の総計を分母とした割合である。表 4-1 を見て分かるように、いずれの話者にも派生型の転換が最も多く、次いで新出型が多かった。派生型の話題転換については、例えば例 4-2 のような例が見られた。

例 4-2 では、165 まで母語話者である「松本の出身地への帰省」について話していたが、166 のミンの質問により、話題が「松本の出身地のスキー事情」へと転換する。松本の出身地は雪の多さで有名であり、「松本の出身地のスキー

表 4-1 話者ごとの内容の結束性から見た話題転換分類の頻度及び割合[1]

場面	話者の種類	新出型	派生型	再生型	計
母語場面	経験多い母語話者	8 (11.6)	56 (81.2)	5 (7.2)	69 (100)
	経験少ない母語話者	7 (11.9)	51 (86.4)	1 (1.7)	59 (100)
接触場面 A	経験多い母語話者	10 (18.2)	44 (80.0)	1 (1.8)	55 (100)
	経験多い非母語話者	8 (14.5)	43 (78.2)	4 (7.3)	55 (100)
接触場面 B	経験多い母語話者	18 (32.7)	37 (67.3)	0 (0.0)	55 (100)
	経験少ない非母語話者	10 (17.9)	39 (69.6)	7 (12.5)	56 (100)
接触場面 C	経験少ない母語話者	16 (29.1)	38 (69.1)	1 (1.8)	55 (100)
	経験多い非母語話者	9 (12.9)	57 (81.4)	4 (5.7)	70 (100)
接触場面 D	経験少ない母語話者	14 (28.0)	35 (70.0)	1 (2.0)	50 (100)
	経験少ない非母語話者	11 (19.3)	43 (75.4)	3 (5.3)	57 (100)

例 4-2 派生型の話題転換（接触場面 C）

番号	話者	発話内容	小話題	大話題
164	ミン	最近、そっか、あ、実家に帰ってますか？ 最近。	帰省	松本の出身地への帰省
165	松本	えーとー。春休みに（うーんうんうんうん）行ったっきりですかねー。		
166	ミン	//北海道の人は、みんなスキーとかできますか？	北海道民	松本の出身地のスキー事情
167	松本	あ、スキーはしますね。（あー）なんか、やら。なんか、学校で、絶対やんなきゃいけなくて。	学校	

事情」という話題は、先行話題で松本が出身地を開示したことから、派生したものと考えられる。そして、例 4-2 の話題転換に際しては、何の終了表現も開始表現も観察されなかった。このような派生型の話題転換は、新出型及び再生型の話題転換と比べて、前後の話題間における内容の結束性が高いため、終了表現と開始表現がなくとも、唐突な印象にはつながりにくいと考えられよう。それが唐突な印象につながりにくいということは、村上・熊取谷（1995）でも主張されている。再生型はどの話者にも少なく、それには会話時間も関係していたと考えられる。本書の会話時間は 15 分から 20 分だったが、会話がさらに

---

[1] 表 4-1 については頻度が少ない項目が多かったため、カイ二乗検定などの統計的手法は用いることはできなかった。

続けばその分、前に言及されたことを話題とする再生型の話題転換も増えることが、予想される。また、初対面会話でなく知り合い同士の会話であれば、以前の会話で言及されたことが話題となることもあるだろう。

次節では、新出型及び再生型の話題転換に焦点を絞り、そこで用いられていた表現を見ていくこととする。

4.4　話題の終了表現及び開始表現

話題転換における、終了表現及び開始表現のコーディング結果を集計したところ、話者間の差は見られたが、同じ話者の場面間での差は、確認されなかった。つまり、本書の話者には、相手に応じて話題転換表現を変えることは、なかったといえる[2]。相手に応じた表現の差が見られなかったことから、本節では、話者間の違いに注目して分析を進めることとする。

それでは、各話者が新出型及び再生型の話題転換において、どのような終了表現を用いていたのかを、表4-2に提示する。上段の「両者／転換者／相手」はそれぞれの終了表現の話者を表す。例えば頻度が2である「経験多い母語話者」の「相手」の「笑い」は、接触経験の多い母語話者が話題を転換した際に、

表4-2　話者ごとの終了表現と形式的な話題転換分類の頻度及び割合

話者	両者				協働的転換	転換者			相手		一方的転換	突発的転換（表現なし）	計
	まとめ	笑い	相づち	混合		まとめ	笑い	相づち	まとめ	笑い			
経験多い母語話者	2	3	3	10	18 (42.9)	3	3	7	0	2	15 (35.7)	9 (21.4)	42 (100)
経験少ない母語話者	2	1	7	10	20 (50.0)	1	1	9	0	4	15 (37.5)	5* (12.5)	40 (100)
経験多い非母語話者	1	0	2	4	7 (28.0)	0	2	1	1	2	12 (48.0)	6 (24.0)	25 (100)
経験少ない非母語話者	0	0	4	4	8 (25.8)	1	1	5	0	3	10 (32.3)	13** (41.9)	31 (100)

---

2) 本研究では学生同士の初対面会話しか対象としていないが、相手との力関係や親疎関係が異なる場合には、その表現も変わってくる可能性はあるだろう。

その会話相手が終了表現として、笑いを用いていた場合である。なお、「混合」とは、転換者が相づちを用い会話相手が笑いを用いているなど、両者に異なる表現が見られる場合である。また、終了表現として先に挙げていた「繰り返し」は、本書のデータには観察されなかったので、表からは割愛している。さらに、表中では観察された終了表現に基づき、協同的転換、一方的転換、突発的転換に話題転換を分類し、集計した。括弧内の値は、話者ごとの「協働的転換／一方的転換／突発的転換」の割合を表す。それら話題転換分類の頻度の偏りについて、カイ二乗検定を行った結果、10％水準で有意傾向を示したので（$\chi^2(6)$ = 11.1, p<.1)、残差分析を行った[3]。残差分析の結果、5％水準で有意だった項目には、アスタリスク（*）を一つ、1％水準で有意だった項目には二つ併記する。さらに、各項目が有意に多い場合はターン数の右上に、有意に少ない場合はターン数の右下に、それを記すこととする。

まず母語話者については、接触経験の多寡による目立った差は見られず、協働的転換が多く、突発的転換が少なかったことが分かる。これは楊（2005）の結果とも一致する。母語話者の協働的転換の内訳としては、特に両者で異なる表現を用いていた「混合」が多かった。そして、特に母語話者の「混合」には、両者からの一つずつの表現だけではなく、3種類以上の表現を含むものが多かった。先に提示した例4-1の望田による話題転換も、そこに含まれる。複数の表現により「先行話題が十分に話し尽くされた」ことを確認することは、円滑な話題転換の手続きとして特に有効だと考えられる。協働的転換に続いて母語話者に多かったのが一方的転換であり、突発的転換が最も少なかった。

接触経験の多い非母語話者は、話題転換の半数近くが一方的転換だった。一方的転換が唐突な印象につながる危険性は、突発的転換より高く、協同的転換より低いといえる。ただ、本書で観察された一方的転換を質的に分析した結果、同じ一方的転換であっても、観察された終了表現がどちらのものかにより、その危険性が異なると考えられた。下に、一方的転換の例を二つ提示する。まず

---

3) 本研究では、カイ二乗検定及び残差分析を、量的分析の手法として用いた。それらの分析には、インターネットで公開されているオープンソースである、R（version 3.3.1 (https://www.r-project.org/)）を用いた。

例 4-3　接触経験の多い非母語話者による一方的転換（転換者の終了表現がある場合、接触場面 D）

番号	話者	発話内容	小話題	大話題
63	佐藤	バスの方が高いですね。	キュウの住居	キュウの生活
64	キュウ	うーん。で、中国は、あの上海は電車の方が、絶対電車の方が高い。		
65	佐藤	へえー、そうなんですか？		
66	キュウ	うん。うんうん。// 今 3 年生？	佐藤の学年	佐藤の基本情報
67	佐藤	3 年生です。		

例 4-3 は、話題転換者の終了表現のみが観察される例である。

　上記例 4-3 では、「キュウの生活」という話題の後に、66 でキュウにより「佐藤の基本情報」という話題が導入されている。終了表現として確認できるのは、66 のキュウによる相づちのみであるため、これを一方的転換に分類した。このような会話相手の反応を待たない話題転換では、「先行話題が十分に話し尽くされた」ことに相手が合意しているかどうかが確認されていないため、相手が唐突だと感じる危険性も高いと考えられる。自分が「十分に話し尽くされた」と考えていても、相手が同じように考えているとは、限らないだろう。続いて下に提示するのが、会話相手の終了表現のみが観察された場合である。例 4-4 の松本は母語話者であり、ミンは接触経験の多い非母語話者である。

　例 4-4 では 88 でミンにより、「データ収集場面」という話題が導入されている。当該話題転換の直前には、松本による笑いが観察できる。この笑いは直前の発話内容と音声から、特に面白いことがあり発せられたものではなく、話題に区切りをつけるためのものだと考えられたため、終了表現としてコーディングした。したがって、これも例 4-3 と同じく、一方的転換だといえる。ただ、例 4-3 と違って終了表現が会話相手によるものであるため、当該話題転換が会話相手に唐突な印象を与える危険性は、例 4-3 よりも低いと考えられよう。このように、同じ一方的転換でも、どちらの終了表現が観察されたのかにより、

例 4-4　接触経験の多い非母語話者による一方的転換（会話相手の終了表現がある場合、接触場面 C）

番号	話者	発話内容	小話題	大話題
85	松本	やっぱり、中国人が向こう、すごく多くて、（あー）うん、だから。	松本の留学	松本の留学中の体験
86	ミン	アジアだったら、（そうそうそうそう）中国（そうそうそう）って感じ。		
87	松本	そう。そうだね。中国人、みんな良い人たちだった。（ふうん）仲良くなりますね。〈笑い〉	中国人友人	
88	ミン	//どうして、この、交流会みたいな、（あ、なんか）来たんですか？	松本のデータ収集	データ収集場面
89	松本	なんか、なんか、ポスターで貼ってあって。（あーあーあー）そう。		

唐突さの危険性は異なると考えられた。

　次に接触経験の少ない非母語話者には、突発的転換の割合が目立って多く、有意差が見られた。これが、どのような場面で生じたどのような突発的転換だったのかについては、他の話者と同じく、開始表現の結果とともに見ていくこととする。

　それでは表 4-3 に、各話者の開始表現の頻度の結果と、協同的転換、一方的転換、突発的転換をそれぞれ分母とした各開始表現の割合を提示する。なお、楊（2005）が開始表現の一つとして挙げていた「呼びかけ」は、本書のデータには観察されなかったので、表から割愛している。

　接続詞としては「じゃ」と「で」が観察されることが多く、感動詞としては「えっ」がほとんどだった。それらの表現については、話者間で違いは見られなかった。また、小暮（2002）は、「そういえば」の代わりに「そういうと」を用いるという、非母語話者の語彙レベルでの不適切な例を提示している。しかし、本書では、そのような例は見られなかった。

　それでは、表 4-3 の結果を、協働的転換、一方的転換、突発的転換の順に見ていきたい。まず、両者による終了表現の後の話題転換である協働的転換の場合、接触経験の少ない非母語話者を除く話者群には、「なし」が多い。つまり、それらの話者群では、協働的転換に伴って、何の開始表現も用いていなかったこととなる。文字化資料を確認したところ、特に3種類以上の終了表現が観察

表 4-3 話者ごとの形式的な話題転換分類と開始表現の頻度及び割合

話者	転換分類	いいよどみ	接続詞	感動詞	メタ言語	なし	計
経験多い母語話者	協働的	0 (0.0)	1 (5.6)	8 (44.4)	0 (0.0)	9 (50.0)	18 (100)
	一方的	2 (13.3)	1 (6.7)	8 (53.3)	0 (0.0)	4 (26.7)	15 (100)
	突発的	0 (0.0)	0 (0.0)	4 (44.4)	0 (0.0)	5 (55.6)	9 (100)
経験少ない母語話者	協働的	3 (15.0)	0 (0.0)	6 (30.0)	0 (0.0)	11 (55.0)	20 (100)
	一方的	1 (6.7)	0 (0.0)	8 (53.3)	1 (6.7)	5 (33.3)	15 (100)
	突発的	0 (0.0)	0 (0.0)	1 (20.0)	1 (20.0)	3 (60.0)	5 (100)
経験多い非母語話者	協働的	1 (14.3)	0 (0.0)	2 (28.6)	0 (0.0)	4 (57.1)	7 (100)
	一方的	2 (16.7)	2 (16.7)	1 (8.3)	0 (0.0)	7 (58.3)	12 (100)
	突発的	1 (16.7)	1 (16.7)	3 (50.0)	0 (0.0)	1 (16.7)	6 (100)
経験少ない非母語話者	協働的	1 (12.5)	1 (12.5)	3 (37.5)	0 (0.0)	3 (37.5)	8 (100)
	一方的	0 (0.0)	1 (10.0)	4 (40.0)	0 (0.0)	5 (50.0)	10 (100)
	突発的	1 (7.7)	1 (7.7)	4 (30.8)	0 (0.0)	7 (53.8)	13 (100)

される場合には、開始表現が用いられていないことが多かった。これは、両者による複数の終了表現により「先行話題が十分に話し尽くされた」ことが確認できているために、開始表現を用いずとも、唐突な印象を与える危険性が低いためだと考えられる。一方、接触経験の少ない非母語話者は、協働的転換であっても開始表現を用いることが多かった。次ページに、その例を一つ示す（例4-5）。

例 4-5 では、ターン番号 37 で両者からの相づちがあり、実質的な発話をしないことで、先行話題が終了することが確認されていると考えられる。したがって、この話題転換は、協働的転換だといえる。そして、38 でナンはさらに「あ」という感動詞を付加して、新話題を導入している。先述のとおり、他の話者は同様の場面で開始表現を用いることが少なかった。他の話者が用いていない場面でそれを用いることは、冗長な印象につながる可能性があるといえる。ただ、本書では、母語話者のインタビューからそのような否定的な印象は、特に語られなかった。頻度も非常に少なかったので、どのような場合に冗長な印象につながるのかについては、今後検証していく必要があるだろう。

次の一方的転換については、接触経験の多寡にかかわらず、母語話者は感動

例 4-5　接触経験の少ない非母語話者による開始表現を伴う協働的転換（接触場面 D）

番号	話者	発話内容	小話題	大話題
35	古富	ふーん。中国で日本語を勉強する人って多いんですか？	中国事情	中国の日本語学習者数
36	ナン	そうですね、多いと思います。えーとー、まあ、今、まあ、昨日はそういう統計（うーん）、まあ、国際交流基金の（うんうん）統計によると、まあ、全世界は、えーと、日本語を今勉強している一番多いのは、えーと、韓国（うーん）、そして中国。（あー）中国のあとはインドネシア。（へー）い、いん、いん、インドネシア、うん。（へー）まあ、びっくりしました。（うーん）えと、かん、韓国、まあ、勉強している人数は一番高い、一番多い、まあ、そういうことにちょっとびっくりしました。		
37	古富	うーん、そうですよね（うん）、う、うーん。		
38	ナン	//あ、専攻は？	古富専攻	基本情報

詞を用いることが多く、非母語話者は何の開始表現も用いないことが多かった。母語話者が一方的転換で開始表現を用いない例を見ると、そのほとんどが、例 4-4 のように会話相手の終了表現が観察された場面だった。下に一つ、その例を提示する（例 4-6）。

例 4-6　母語話者による一方的転換（話題転換者の終了表現がある場合、接触場面 D）

番号	話者	発話内容	小話題	大話題
33	望田	難しそう。	チュウの研究	チュウの研究
34	チュウ	で、あの、「指導教官名」は、ポライトネス理論、その、その観点から研究するのは、結構難しい。頭痛い。〈笑〉		
35	望田	チュウの出身	チュウの出身	チュウの基本情報

例 4-6 では、34 のチュウによる終了表現の後、35 で望田により「チュウの出身」という話題が導入されている。このような一方的転換が、話題転換者の終了表現による一方的転換より唐突な印象につながる危険性が低いことは、例

4-3及び例4-4で見たとおりである。さらに、後続話題は「チュウの出身」という、相手に関するものである。4.1で見たとおり、李（2014）は、後続話題として相手に関する話題を選ぶことが、「唐突な話題終了のマイナスを相殺」すると主張している（p.24）。母語話者による開始表現のない一方的転換（接触経験の多い母語話者に4例、接触経験の少ない母語話者に5例）を確認したところ、接触経験の多寡にかかわらず、9回全てで相手に関する後続話題が導入されていた。そのため、一方的転換であるものの、それが唐突さにつながる危険性は、他の一方的転換より低いと考えられた。

　一方の非母語話者は、接触経験の多寡にかかわらず、一方的転換の半数以上で開始表現を用いていなかった。特に接触経験の少ない非母語話者には、開始表現のない一方的転換に際して自らに関する話題を後続話題とする場面も、確認された。例4-7が、その例である。

　例4-7で、接触経験の少ない非母語話者であるハクは、「研究者としての自らの進路」について話した後で、自らの言語学習歴について話題を転換している。「唐突な話題終了のマイナスを相殺」（李2014、p.14）する特徴もないこのような話題転換は、先の例4-6よりも、相手に唐突な印象を与える可能性が高いと考えられる。非母語話者は一方的転換に際して開始表現を用いることが少

例4-7　接触経験の少ない非母語話者による開始表現のない一方的転換（接触場面B）

番号	話者	発話内容	小話題	大話題
		〜中略〜	ハク進路	ハク進路
120	ハク	感情がいつも勝つみたいな。（あー、はははは）ははは。論理がなくて、うわーって回っちゃって、（あー）そういうのが、あー、にてる。ま、向いてないんじゃないかなっていう。		
121	白鳥	そっか。研究者、大変ですよね。		
122	ハク	大変ですね。		
123	白鳥	うーん。		
124	ハク	//中国の、外国語の専門は、第二外国語がなければいけないんですね。	ハクのドイツ語	言語学習歴
125	白鳥	ふうーん。		

なかったこと、特に接触経験の少ない非母語話者は、自らに関する話題を導入することもあったことが、注意すべき点として指摘できる。

最後に突発的転換に際して、各話者がどのような開始表現を用いていたのか、また用いていなかったのか、見ていきたい。母語話者の突発的転換を見ると、接触経験の多寡にかかわらず、その半数以上で何の開始表現も用いられていなかった。具体的にどのような場面で用いられていたのか、以下にその例を一つ提示する（例4-8）。

例4-8では、会話冒頭の簡単な自己紹介と挨拶の後で、母語話者である原島が、非母語話者であるカイの国籍について質問している。ここから「出身と所属」という大話題が始まるが、非母語話者の出身地は接触場面の初対面雑談会話における、「基本情報」話題と考えられよう。三牧（1999）は、初対面会話の「基本情報交換期／話題選択─展開期／終了期」という構成を提示し、それぞれを「相互に関する基本的な情報を交換するステージ」「特定の話題を選択し展開するステージ」「新規話題を採用しないことを確認し、あいさつ、定型表現などを経て会話が終了するステージ」としている（p.52）。基本情報交換期では、次々に新しい話題が導入されることが自然である。例4-8は会話の冒頭であり、この基本情報交換期に含まれると考えられる。そのため、表現としての唐突さは指摘できるものの、例4-8の場面で新出型の話題転換があること自体は、むしろ自然であるといえる。また例4-6と同様に、例4-8の後続話題も相手に関するものである。母語話者による終了表現も開始表現もない話題転換の多くは、基本情報交換期における相手への質問により、なされていた。そ

例4-8　母語話者による終了表現も開始表現もない話題転換（接触場面C）

番号	話者	発話内容	小話題	大話題
		〜中略〜	原島の姓名	お互いの姓名
12	原島	はい。よろしくお願いします。		
13	カイ	よろしくお願いします。		
14	原島	えーと。		
15	カイ	今、始まってますか？		
16	原島	はい。もう、始まってます。// 中国？	カイの出身	出身と所属

のため、唐突さにつながる危険性は、低いと考えられた。

接触経験の多い非母語話者による、終了表現も開始表現もない1回の話題転換についても、母語話者と同じく基本情報交換期における相手に関する質問であることが確認された。それに対して、接触経験の少ない非母語話者による終了表現も開始表現もない話題転換には、唐突さの危険性が高いと考えられるものも含まれていた。まず、そのような話題転換7回のうち4回が、基本情報交換期ではなく話題選択─展開期におけるものだった。加えて、7回のうち5回で、後続話題として自らに関する話題を導入していた。そのため、s他の話者による、基本情報交換期の相手話題（「相手だけが情報提供のできる」話題、李2014）を後続話題とするものよりも、唐突な印象につながる危険性は高いと考えられた。そのうちの一つを、以下に提示する（例4-9）。

例4-9 接触経験の少ない非母語話者による終了表現も開始表現もない話題転換（接触場面B）

番号	話者	発話内容	小話題	大話題
		〜中略〜	キュウの場合	データ収集場面
57	浅井	話してみませんかって言って（あ）誘われて、来たんですけど。今日2回目です、私も。	浅井の場合	
58	キュウ	この？		
59	浅井	うん。前回もいたので。		
60	キュウ	// 私、中国の上海から来ました。	キュウの出身	キュウの出身
61	浅井	あ、上海。えーと、あのなんか、サンディエゴに行ってたんですけど、去年の9月、アメリカ。（ああ）で、そこのルームメイトが上海の近くから来たって言ってました。		

例4-9では、「データ収集場面」について話した後のターン番号60で、「キュウの出身」という新話題がキュウにより導入されている。58や59に終了表現とされる特徴は確認できず、60にも、いいよどみやメタ言語表現などの開始表現は確認できない。そして、終了表現も開始表現も伴わずに話題が転換された後に、浅井は61で「あ、上海。えーと、あのなんか」と発話している。その発話内容に加えて、浅井の声が一時的に小さく速くなっていたことから、

浅井に戸惑いが生じていたと考えられるだろう。終了表現も開始表現も伴わない話題転換が聞き手の戸惑いにつながることは、4.1で紹介したエミ（2013）も指摘していることである。どのような場面で終了表現も開始表現もない話題転換が許容されるのか、接触経験の少ない非母語話者は注意を向ける必要があるといえる。

4.5　話題導入の言語形式分析のまとめ

　本節では、話題導入における言語形式である話題転換表現について、分析した結果を提示した。話題の終了表現に注目した表4-2からは、母語話者に協働的転換が多く、接触経験の多い非母語話者に一方的転換が多く、少ない非母語話者に突発的転換が多いことが明らかとなった。ここから、非母語話者が母語話者との接触経験を通して、突発的転換が唐突な印象につながる危険性に気付き、それを避けるようになっているという仮説を立てることができるだろう。表4-3の結果を基に、終了表現も開始表現もない話題転換がどのようなものか、話者間で比較することもできた。それによって、母語話者及び接触経験の多い非母語話者が特定の文脈でしかそのような話題転換をしないのに対し、接触経験の少ない非母語話者は、危険と思われるような文脈でもそれを生じさせていることが明らかになった。

　フォローアップインタビューでは、一つ一つの話題転換表現の使用について、母語話者からも非母語話者からも、何か明確な意識が語られることはなかった。それは、会話中、話者が意識することなくそれらの表現を用いていることを意味すると、考えられる。ただ、上記のように唐突な話題転換も多く見られた話者については、話題転換表現の使用を意識することも、必要だろう。また、接触経験の少ない非母語話者からは、次章でも見ていくように、「初対面会話でどのような話題を出せばいいか分からない」という旨の語りが多く聞かれた。そのような悩みを持っていた話者は、導入する話題の内容に多くの意識を向けていたと考えられるため、その言語形式に注意を払う余裕がなかった可能性も、指摘できる。

第5章　談話分析：導入された話題の内容

　研究設問③「母語話者と非母語話者はどのような話題を導入するのか。そして、それは接触経験の量によりどのように異なるのか」に答えるために、会話データの話題の内容を分析する。具体的には、各大話題を構成する最初の小話題に注目し、話者がどのような話題を導入しているのか、見ていくこととする。関連する先行研究とコーディングの方法について述べた後で、分析結果に移りたい。

5.1　先行研究

　どのような話題を導入するか、その内容に関する研究としては、三牧（1999）が代表的である。三牧（1999）は日本人大学生の初対面母語場面を対象に、どのような話題が導入されているのかを分析し、話題導入に関して「初対面会話における話題選択スキーマ」が共有されていることを明らかにしている。そこで挙げられたのは、「大学生活」「所属」「居住」「共通点」「出身」「専門」「進路」「受験」という八つの話題である。このような規範意識を共有していないために、接触場面では母語話者と非母語話者に「何を話せばいいか分からない」という悩みが生じると考えられる。

　異なる言語の母語場面を対象とする対照研究も、言語ごとに、初対面会話で導入する話題に関する規範意識が異なることを、明らかにしている。熊谷・石井（2005）は日本語母語話者と韓国語母語話者を対象に、初対面会話における話題選択について、質問紙調査を用いて分析している。結果として、「話を盛り上げる」「私的なことに踏み込まない」という意識は両者に共通していたものの、一つ一つの話題に対する意識には相違点も見られた。例えば「出身地」という話題を、日本語母語話者は共通点を見つけるため気軽に選択する傾向があるが、韓国語母語話者の中には、それを「歴史や政治・経済的な地域間格差などを背景とした特定地域への偏見などが絡むため、相手との関係構築を阻害する危険性のある話題」として考えている者もいたということである（p.102）。

また、趙（2014）は、日本語母語話者と中国語母語話者の話題選択を、それぞれの母語場面を対象に分析している。その結果、多くの共通点が明らかになった一方で、「結婚・恋人の有無」や「居住地」というプライバシーに関わる話題について違いが見られたということである。趙（2014）は、日本語母語話者が「相手の私的領域に入り過ぎないように話題を選択する傾向が強」い一方で、中国語母語話者は「相手と『見えないネットワーク』で結ばれているという大前提で、より多くの私的な話題を取り上げる」と結論付けている（p.156）。

　次に、接触場面を分析対象とする研究では、母語場面と接触場面で、導入する話題が異なることが指摘されている。例えば、金（2009）は韓国人非母語話者が参加する接触場面の初対面会話を分析し、「母語話者同士の会話と比べて、『日韓関連』と『プライバシー』に関する話題が接触場面の新たな話題として取り上げられていること」を明らかにしている（p.294）。「日韓関連」についての話題は、母語話者と韓国人非母語話者による初対面会話において、特徴的な話題だと考えられよう。プライバシーに関する話題が多く取り上げられることの理由は、接触場面の話者が「積極的に相手への関心を強化し距離を近づけようとする」ためと考察されている（p.292）。また、加藤（2006）は、タイ語母語話者が参加する接触場面の談話分析及びフォローアップインタビューの分析を通し、母語話者と非母語話者が話題に関して、母語場面とは異なる規範意識を持っていることを主張している。扱ったのが3会話のみであるため一般化はできないが、規範間の関係がヒエラルキーの形で図示されており、示唆に富んでいるといえる。明らかになった規範は「ポライトネス表明に関わる規範」と「コミュニケーション達成に関わる規範」に分類されている。前者の例としては「初対面の女性に年齢を聞くな」や「会話相手と自分を同カテゴリー化せよ」が、後者の例としては「会話内容が非母語話者にとって難しいと予測されたら100％正確なことを言わなくてもいい」などが提示された（p.14）。また、話題導入に関する規範意識としては、母語話者の「非母語話者の日本語能力が低い場合は母語話者から話題を出せ」「タイの交通事情について話せ」、非母語話者の「自国の料理の話題を出せ」という意識を、提示している。話者の国と関連付けた話題を導入することは、金（2009）の結果とも共通する。

　また、村上（2009）は、日本語レベルが初級の非母語話者と家庭訪問先の母

語話者との会話を分析対象とし、母語話者の言語管理という観点から話題選択を分析している。結果、母語話者の調整行動として、以下の三つを提示している。

　　留学生参加者が会話に参加できる話題を選択する
　　（既出話題に）関連した話題を出す
　　共有できる話題を選択する

（村上 2009、p.116-117）

　上記の三つから、家庭訪問先の母語話者が非母語話者の会話参加を優先して、導入する話題を選択していることが分かる。また、話題導入に関する研究は2者間会話を分析するものが多いが、村上（2009）は多人数会話を対象としたからこそ、「留学生参加者が会話に参加できる話題を選択する」という調整行動を、観察することができている。先行研究の少ない多人数会話における話題導入も、これから注目していく必要があるだろう。

　もう一つ、接触場面の初対面会話を分析対象としている研究として、ジャロンウィットカジョーン・加藤（2010）が挙げられる。ジャロンウィットカジョーン・加藤（2010）は、話者の社会的カテゴリーという観点から話題を分類しており、「学生同士」や「女性同士」という同質の関係性に注目し導入された話題が「二項対立的な構図を緩和させ、お互いの距離の縮小をより早めようと」するのに対し（p.25）、「日本人／タイ人」など非対称な関係性に注目し導入された話題が「お互いの相違点に関心を示しあい、会話を盛り上げ」ると主張している（p.23）。ただ、非対称な関係性から導入された話題については、ジャロンウィットカジョーン・加藤（2010）が分析対象とした談話に見られた「食べ物」という話題が、「宗教や戦争などのように相手が不快に思う可能性が少ない」と述べられており、選択される話題によっては否定的に評価されうることも示唆されている（p.23）。ジャロンウィットカジョーン・加藤（2010）は、どのような話題を導入するのかが両者の関係性にも影響を及ぼすことを示している点で、意義深いといえよう。

5.2 文字化資料のコーディング

本章で分析項目とする話題導入の内容については、各話者がどのような話題を導入したのか明らかにするために、各大話題を構成する小話題群の、最初の小話題に注目する。その上で、全40会話に観察された、各大話題の最初の小話題を、その内容の関連性に注目し、話題カテゴリーに分類することとする。以下にコーディングの例を示す（例5-1）。

例5-1　話題のコーディング（接触場面C）

番号	話者	発話内容	小話題	大話題
67	トク	ふふっ、うん。// じゃ、今、4年生だから、就活です？	八代の進路	八代の就職活動
68	八代	就活中。		
69	トク	就活中。		
70	八代	はい。説明会に行ったりとか、（うん）あと、申し込み。あの、公務員試験受ける（うん）ので、その、願書を出したばっかりっていう風に。		
71	トク	なんになりたいですか？	希望職場	
72	八代	えっ？		
73	トク	なんになりたいですか？		
74	八代	なんか、市役所（あー、市役所）の職員（うん）になりたい。（あー）		
75	トク	ロシア語と関係がある仕事が良いですか？	言語	
76	八代	多分、あんまり関係のない仕事（あー）です。なので、趣味でロシア語続けたい、続けられたら良いかなー（うん）って。// ロシアって、行ったことありますか？	トクのロシア訪問	トクとロシア
77	トク	ないですけど、でも、うちのい、いとこのお姉さん、行ったことある。		
80	八代	そうなんだ。（うん）// 近いですよね、中国とロシア。そうでもない？	中国とロシアの地理的情報	中国とロシアの関係

本章では、各大話題を構成する小話題群の、最初の小話題に注目する。したがって、上の例では「八代の進路」と「トクのロシア訪問」に注目することとなる。これらの小話題を抽出し、話題カテゴリーを作成する。その結果、「八

代の進路」は「進路」という話題カテゴリーに、「トクのロシア訪問」は「国事情・言語」という話題カテゴリーに分類された。以上が、導入された話題の内容に関する、コーディングについてである。

それでは、次節から、結果を見ていきたい。

5.3 全体の結果

　全40会話で導入された話題を観察し、「その他」に含まれる話題ができるだけ少なくなるように、以下のような五つの導入話題カテゴリーを作成した。なお、この導入話題カテゴリーの信頼性については、評定協力者と協議し合意を得ることで、確保した。

　①基本情報（自己紹介・話者の姓名・年齢・所属・出身地・家族情報など）
　②国事情・言語（日中の就職活動比較・日本文化・お互いの言語学習・言語比較など）
　③進路（就職活動・将来の希望・大学院入試・非母語話者帰国後の進路など）
　④大学生活（サークル活動・アルバイト・居住環境・旅行・恋人・共通の知り合いなど）
　⑤その他（趣味・当該データ収集について・大学比較・SNS情報の交換など）

　上記の導入話題カテゴリーは、母語場面を対象とする三牧（1999）と異なる点も多い。「国事情・言語」は、異なる母語と国籍を有する話者による接触場面に特徴的であると、金（2009）にも指摘されている。また、三牧（1999）の「所属」「出身」は、それぞれ頻度が低かったため、「基本情報」としてまとめた。表5-1に、各話者群が導入した導入話題カテゴリーの頻度と割合を示す。表5-1を作成する際には、全話者の個別の結果を集計し、話者群の中で目立った個人差がないことを確認した。表5-1の話題の導入頻度の偏りについてカイ

二乗検定を行った結果、1％水準で有意だったので（$\chi^2(36)=58.7, p<.01$）、残差分析を行った。残差分析の結果、5％水準で有意だった項目には、アスタリスク（*）を一つ、1％水準で有意だった項目にはアスタリスクを二つ併記する。さらに、各項目が有意に多い場合はターン数の右上に、有意に少ない場合はターン数の右下に、それを記すこととする。

表5-1　各場面で各話者が導入した導入話題カテゴリーの頻度と割合

会話	話者	基本情報	国事情・言語	進路	大学生活	その他	合計
母語場面	経験多い母語話者	8**(10.7)	33(44.0)	6(8.0)	22(29.3)	6(8.0)	75(100)
	経験少ない母語話者	9(14.8)	25(41.0)	4(6.6)	22**(36.1)	1(1.6)	61(100)
接触場面A	経験多い母語話者	22*(37.9)	23(39.7)	0*(0.0)	9(15.5)	4(6.9)	58(100)
	経験多い非母語話者	17(28.3)	14*(23.3)	8(13.3)	15(25.0)	6(10.0)	60(100)
接触場面B	経験多い母語話者	19(32.2)	20(33.9)	3(5.1)	8(13.6)	9*(15.3)	59(100)
	経験少ない非母語話者	13(21.7)	27(45.0)	6(10.0)	10(16.7)	4(6.7)	60(100)
接触場面C	経験少ない母語話者	18(31.6)	14*(24.6)	5(8.8)	14(24.6)	6(10.5)	57(100)
	経験多い非母語話者	17(22.4)	31(40.8)	8(10.5)	16(21.1)	4(5.3)	76(100)
接触場面D	経験少ない母語話者	17(30.9)	18(32.7)	4(7.3)	11(20.0)	5(9.1)	55(100)
	経験少ない非母語話者	14(23.3)	27(45.0)	7(11.7)	7*(11.7)	5(8.3)	60(100)

　各場面の話者間の総頻度の差を確認すると、接触場面Cで接触経験の多い非母語話者がやや多く話題を導入しているが、他の場面で目立った差はないことが分かる。各導入話題カテゴリーの導入頻度及び割合を見ると、まず母語場面と接触場面の違いとして、母語場面に「基本情報」話題が少なく「大学生活」話題が多いことが分かる。「基本情報」話題の導入場面を見てみると、母語場面では姓名・学年・学科・所属ゼミを聞き合った後に、他の話題に移ることが多かった。一方の接触場面では上記の情報だけではなく、非母語話者の来日時期やこれまでの簡単な経歴（母国で大学を卒業したか否か、など）も「基本情報」話題として多く導入されていた。接触場面で当該話題の導入頻度が比較的高かったのは、そのためだと考えられる。

5.4 場面ごとの結果

それでは、会話の流れの中でどのように各導入話題カテゴリーが導入されたのかを見るために、各会話における時間帯を表すステージとともに、導入された話題の分布を提示することとする。下の図 5-1〜5 の横軸は話題が導入されたステージであり、縦軸は各ステージで導入された導入話題カテゴリーの割合である。ステージ 1 は会話の冒頭から 5 分未満、ステージ 2 は 5 分から 10 分未満、ステージ 3 は 10 分から 15 分以内の話題導入を含んでいる。上部にある数値は、各ステージにおいて導入された話題の総頻度を表す。

まず、ステージごとの話題導入頻度に注目する。大きな傾向として、ステージ 1 で話題の導入頻度が高いことが分かる。文字化資料を確認したところ、初対面会話の冒頭で比較的短いターン数の話題を、多く導入している様子が観察された。三牧（1999）による「基本情報交換期／話題選択─展開期／終了期」という構成については、5.1 でも見たとおりである。ステージ 1 には、この基本情報交換期が含まれると考えられる。本書のデータでも、話者が「特定の話

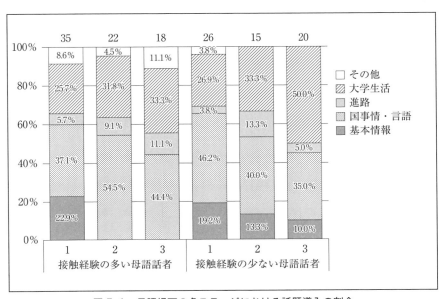

図 5-1　母語場面の各ステージにおける話題導入の割合

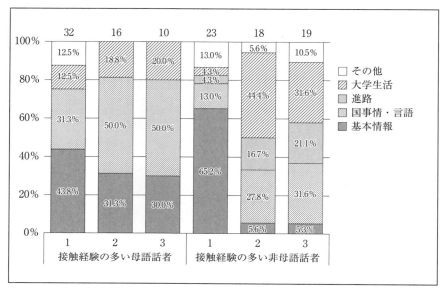

図 5-2　接触場面Ａの各ステージにおける話題導入の割合

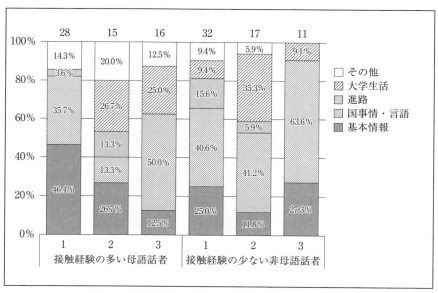

図 5-3　接触場面Ｂの各ステージにおける話題導入の割合

第 5 章　談話分析：導入された話題の内容

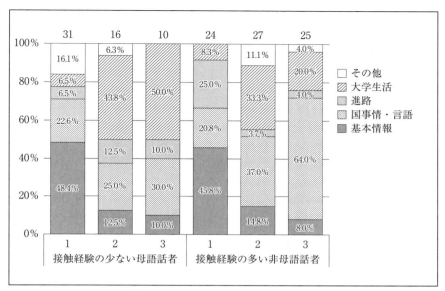

図 5-4　接触場面 C の各ステージにおける話題導入の割合

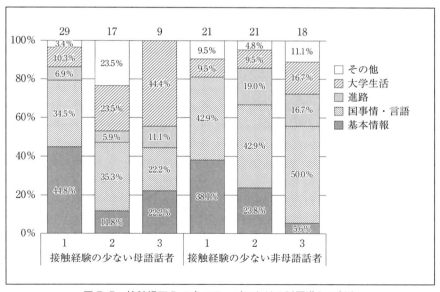

図 5-5　接触場面 D の各ステージにおける話題導入の割合

題を選択し展開する」のではなく、「基本的な情報を交換する」ことを志向していたために、ステージ1で話題導入頻度が高くなったと考えられる。

　また、接触場面における母語話者と非母語話者の話題導入頻度を見ると、接触場面B以外で同様の傾向が見られる。それは、ステージ1では母語話者による話題導入が多いが、ステージ2及び3では非母語話者による話題導入が多いという傾向である。接触場面A、C、Dの文字化資料を確認すると、ステージ1で短い沈黙があった場合などに、母語話者が非母語話者に積極的に質問することで、新しい話題を導入する様子が確認された。加藤（2006）は、母語話者が「非母語話者の日本語能力が低い場合は母語話者から話題を出せ」という規範意識を持っていると主張しており、それを「言語的リソースを多く持っている母語話者が、会話をリードすることによって、非母語話者の負担を軽減しようというもの」（p.12）と説明している。本書でも、短い沈黙の後に母語話者が積極的に話題を導入していたことから、彼らに「会話をリードする」意識があったことが予測される。フォローアップインタビューでも、「沈黙が続かないよう話題を出した」という声が多くの母語話者から聞かれた。ただ、ステージ2とステージ3では、非母語話者も多くの話題を導入していたことから、非母語話者も自ら話したい話題を導入し、会話に積極的に参加していたことがうかがえる。

　次に、各導入話題カテゴリーの導入割合の推移について、見ていくこととする。初対面会話の冒頭5分間であるステージ1に注目すると、母語場面に「基本情報」話題の導入が少ないことが分かる。これは表5-1を見ながら指摘した結果とも、一致する。接触場面に目を移すと、接触経験の少ない非母語話者以外は、どの話者群もステージ1で「基本情報」話題を最も多く導入している。この割合の高さについては、やはりステージ1では話者が基本情報の交換を志向しながら、話題を導入しているためだと考えられる。一方で、接触経験の少ない非母語話者はステージ1において、「基本情報」話題よりも「国事情・言語」話題を多く導入していた。その例を一つ、次ページに提示する（例5-2）。

　例5-2は会話の開始時点からの引用であり、お互いの名前を基本情報として交換するところから始まる。内之倉が自らの名前を言った直後、ターン番号5のコウの「この苗字は珍しいですか？」という発話をきっかけとして、日本語

例5-2　接触経験の少ない非母語話者によるステージ1「国事情・言語」話題の導入

(接触場面D)

番号	話者	発話内容	小話題	大話題
1	コウ	//私、【コウ姓名】と申します。	コウ姓名	名前
2	内之倉	コウさん。		
3	コウ	はい。え。		
4	内之倉	【内之倉姓名】です。	内之倉姓名	
5	コウ	はい、内之倉さんですね。(はい) はい。// この苗字は珍しいですか？	日本人の姓名	日本語と中国語の漢字
6	内之倉	いや、珍しくはないと思います。結構あります。		
7	コウ	はい。なんか日本人の苗字とか、(はい) えっと、ば、場所の名前とか、駅、あの、例えば地下、え、でし、え、地下鉄とか電車とか、その駅の名前とか〜中略〜	漢字の読み方	

の漢字の珍しい読み方へと、話題が移っている。話題はこの後、「日本語と中国語の漢字」として展開し、基本情報の交換に戻ったのはターン番号65のことだった。コウはこのような話題を導入した理由をフォローアップ・インタビューで、「日本人の苗字は特別な発音がありますので、それで、そのことを知りたい、前から日本人に聞いてみたかったんですね」と述べていた。この回答は、コウが当該話題に興味を持っていながら、これまでその話題を導入する機会を持たなかったことを意味している。そこから、例5-2の話題導入がコウの接触経験の少なさに起因している可能性が、指摘できる。また、「自分が興味のある話題を導入する」という意識は、インタビュー調査でも聞かれたものである。対する内之倉は、会話冒頭のこのようなやり取りについて、「少し唐突に感じました」と語っていた。内之倉の感じた唐突さの原因は、基本情報交換期とされる時間帯に十分に基本情報が交換されないうちに、他の話題が導入されたことだろう。コウは自らが導入する話題の相手に与えうる印象に、注意を払う必要があるかもしれない。接触経験の少ない非母語話者は、このようにステージ1から「国事情・言語」話題を導入することが多かった。そして、次章でも詳しく見ていくが、そのような話題が展開される中では、多くの場合「日本事情に精通する日本人／そうではない中国人」や「母語話者／非母語話者」などの、非対称的な関係性が強調されていた。

しかし、「基本情報」話題の導入割合が他より低かったからといって、接触経験の少ない学習者が母語話者と基本情報を交換していなかったわけではない。文字化資料を観察すると、母語話者が導入した「基本情報」話題が展開する中で、接触経験の少ない非母語話者は「あなたは？」「○○さんはどうでしたか？」というように、聞かれたことをそのまま相手に質問することが多かった。そのため、「基本情報」話題の導入は少なかったが、母語話者との基本情報の交換は適宜行われていた。以下にその例を示す（例5-3）。

例5-3　母語話者と接触経験の少ない非母語話者による「基本情報」話題の展開（接触場面B）

番号	話者	発話内容	小話題	大話題
9	白鳥	//どこ出身ですか？	ハク出身地	出身地
10	ハク	【中国地名】って（えー）知ってますか？　なんか、日本の北海道みたいな感じです。（あー）すごい、北で。		
11	白鳥	北の真ん中ですか？　北の。		
12	ハク	きた、【出身地位置】です。	ハク出身地の位置	
		〜中略〜		
21	白鳥	寒いですか。		
22	ハク	え、ご出身は？	白鳥出身地	
23	白鳥	わたし、【日本の地名】です。		
24	ハク	あー、（はい）なるほど。		
		〜中略〜		
29	白鳥	確かに留学生だと、帰るのも大変ですよね。		
30	ハク	そうですね。		
31	白鳥	うん。//今、研究生ですか？	ハク学年	身分
32	ハク	わたし、今、大学院生の（大学院生）1年（あー）生ですね。何、あのー、何…。		
33	白鳥	わたし、今、学部4年（あー）です。	白鳥学年	

例5-3では、ターン番号9で白鳥がハクの出身地について質問した後、22でハクが白鳥の出身地について質問している。その学年についても、非母語話者の32の「何、あのー、何…。」といういいよどみの発話の後で、母語話者がその意図を推測し、自らの学年を伝えている。接触経験の少ない非母語話者には、このように母語話者が導入した「基本情報」話題を展開する中で、相手の

基本情報を聞いていることが多かった。フォローアップインタビューでは、接触経験の少ない非母語話者8名中6名から、「失礼にならないよう意識した」という旨の語りが聞かれた。そのような意識は、インタビュー調査の結果とも合致する。また、「特に会話が始まってすぐは、どんなことを話せばいいのか分からず、気を遣う」と述べた者もいた。「失礼にならないように」という意識を持つ話者にとって、例5-3のように聞かれたことを聞き返すストラテジーは、相手のプライバシーに踏み込みすぎない、安全で有効なものと考えられる。ただ、安全である一方で、それだけでは自ら質問項目を設定することはできず、得たい情報が得られないことも、あるかもしれない。「失礼にならない」よう、話題を導入する方法を身に付けることが、望まれよう。

　接触経験の多い非母語話者については、ステージ1で母語話者と同様に多くの「基本情報」話題を導入しており、接触経験の多寡による違いが顕著だった。フォローアップインタビューでも、話題の導入に際して「失礼にならないよう意識した」という旨の語りは、接触経験の多い非母語話者からほとんど聞かれなかった。ここから、非母語話者が接触経験を通じ、「失礼にならないように」話題を導入し相手に興味を示す方法を、身に付けている可能性が示唆できる。また、どのような話題が失礼になりやすいか、習得を進めた可能性も考えられる。

　さて、「国事情・言語」話題について、見ていきたい。先述のとおり、接触経験の少ない非母語話者はステージ1から当該話題を多く導入しており、その割合は会話を通して高いままだった。特にステージ1の割合の高さが、他の話者と比べて目立つといえる。これには、先に見たとおり当該話者に「基本情報」話題の導入が少なく、他の話題の割合が相対的に高くなったことも、影響している。ただ、ステージ1での話題導入の総頻度を見ると、「基本情報」話題の導入が少なかった分、それが減っているわけではない。そこから、「基本情報」話題が少なかったことだけではなく、当該話者の積極的な「国事情・言語」話題の導入も、その割合の高さに寄与したと考えられる。文字化資料からも、例5-2のように、先行話題から国や言語の要素を取り上げ、新話題として導入する様子が多く観察された。「基本情報」話題に比べて、「日本の大学事情」「日本語と中国語の相違点」などの「国事情・言語」話題は、相手のプライバシー

に踏み込みにくいといえる。そのため、「失礼にならないように」という意識を持っていた接触経験の少ない学習者にとっては、「基本情報」話題よりも導入しやすい話題だった可能性があるだろう。その導入例をもう一つ、以下に提示する（例5-4）。

例5-4 接触経験の少ない非母語話者による「国事情・言語」話題の導入

（接触場面C）

番号	話者	発話内容	小話題	大話題
61	浅井	//なんか、サンディエゴに行ってたんですけど、去年の9月、アメリカ。(ああ)で、そこのルームメイトが上海の近くから来たって言ってました。	浅井の中国人の友人の出身	浅井の中国人の友人
62	キュウ	上海の近く。	友人の出身地の場所	
63	浅井	場所は分かんない、近く。上海の近くの、上海じゃない町だけど、上海に近い。		
64	キュウ	上海の近く。ああ。		
65	浅井	うん。て言ってました。上海は近いよって言ってました。(うーん)うん、中国人のルームメイトがいたんですけど。		
66	キュウ	//中国への印象はどうですか？中国の。	浅井の中国に対する印象	お互いの国に対する印象
67	浅井	印象？		
68	キュウ	うん、イメージ。		
69	浅井	イメージ。うーん、一言で言えば、よく分からない大きな国。大きな国。うーん。別に政治的に考えて、うまくいかないのも、まあ納得できるし。		

例5-4では、浅井が中国人の友人についての話題を出した後、ターン番号66でキュウが「中国への印象はどうですか？」と新しい話題を導入している。「浅井の中国人の友人」という話題は留学中のエピソードとして導入されたので、「大学生活」カテゴリーに分類された。65の段階では「留学中の体験」「中国人ルームメイト」など様々に話題を展開することもできたが、キュウはここで「浅井の中国人の友人」と内容の結束性が弱い「浅井の中国に対する印象」という話題を導入していた。この話題導入について、キュウは「（どんな印象

を持っているのか）ただ知りたかったです」とフォローアップインタビューで語っており、これがキュウ自身の興味から導入された話題であることが、明らかになった。第6章でも詳しく分析するが、接触場面においては「国事情・言語」話題が展開する中で、「日本事情に精通する日本人／そうではない中国人」や「母語話者／非母語話者」などの、非対称的な関係性の強調につながることが多かった。そのような関係性を強調する話題について、ジャロンウィットカジョーン・加藤（2010）は、「お互いの相違点に関心を示しあい、会話を盛り上げ」（p.23）ると主張している。また、日本と中国の事情を比較する話題を展開することで、先述のプライバシーに踏み込みすぎることへの懸念も、回避できるかもしれない。ただし、「日本人／中国人」という国籍に基づく関係性を強調しすぎることについては、それが個人としての「自由な発言を阻」みうると、注意を喚起されることも多い（杉原2003、p.16）。本研究のフォローアップインタビューでも、例5-4の浅井から、「日本人代表と中国人代表で、授業でディスカッションをしている感じだった」という旨の語りが聞かれた。「国事情・言語」話題では話者間の相違点が注目されやすく、確かに会話は盛り上がるだろう。しかし、もし参加者に友好的な関係を築いていきたいという気持ちがある場合は、プライバシーに踏み込む「基本情報」話題や、次に見ていく「大学生活」話題も、導入する必要があるだろう。

　ただ、ステージ2以降では、母語話者が「国事情・言語」話題を導入することも多かった。図5-2を見ると、特に接触場面Aで接触経験の多い母語話者が当該話題を多く導入していることが分かる。これについて、接触経験の多い母語話者からは、それを非母語話者のために導入するという語りと、自分が興味を持っているから導入するという語りを、聞くことができた。以下に、大木のフォローアップインタビューでの語りを、引用する。

語り5-1　大木（接触場面B）
　相手が中国人なので、中国のこととか日本の旅行のこととかの方が話しやすいかな、なんか答えられるかなと思って、意識しました。あと私もこういう話題は、興味があるので。

これは、大木が導入した「太極拳」という話題についての語りである。ここから、接触場面において「国事情・言語」話題が、両者の興味に合致する話題として捉えられていることが分かる。また、「話しやすいかな、なんか答えられるかな」という語りからは、相手に負担をかけまいとする配慮がうかがえる。さらに、接触経験の多い母語話者として統制した協力者が、そもそも「国事情・言語」話題に興味を持っているために、これまで接触経験を積んできた可能性もあるだろう。ただ、母語話者も、上で示唆したような当該話題が持つ危険性についても認識し、友好的な対人関係形成を阻害しないよう、注意する必要があるといえよう。母語場面での「国事情・言語」話題については、「言語を学ぶ者同士」として、話題の展開を通して同質の関係性が強調されることも多かった。これらの話題展開における関係性の強調については、第6章で詳しく見ていくこととする。

　また、接触経験の少ない母語話者からは、接触経験の少ない非母語話者と同様に、プライバシーに踏み込みすぎることを回避するために「国事情・言語」話題を導入するという語りも、フォローアップインタビューで聞かれた。以下がその語りである。

語り5-2　佐藤（接触場面D）
佐藤：でも初対面の方だと、当たり障りのなさそうなのを。そう思って、これを聞いたんだと思います。
著者：前に彼氏さんの話とかも少し出ていましたけど、そういう個人的な話ではなく、言語の話題に。
佐藤：彼氏さんについては、結構恋愛の話って人によっては、すごく地雷っていうか、触れるとまずいみたいなのもあるんで、ま、恋愛はあっちの人の恋愛観もよくわからないんで、ちょっとそっとしておいて。

　上の語りからは、接触経験の少ない非母語話者が持っているプライバシーに踏み込みすぎることへの懸念が、うかがえる。特に佐藤による「あっちの人の恋愛観」の「あっち」とは中国であると考えられ、国により恋愛観が異なることから当該話題を避け、「当たり障りのない」話題を導入していることが読み取れる。その「当たり障りのない」話題として選ばれたのが、ここでは「国事

情・言語」話題だった。

　非対称的な関係性が強調されやすい「国事情・言語」話題と対照的に、「大学生活」話題では、同じ大学に通い同じ地域に住む住民として、同質の関係性が多く強調されていた。ジャロンウィットカジョーン・加藤（2010）も、このような同質の関係性に基づいて導入される話題が、「二項対立的な構図を緩和させ、お互いの距離の縮小をより早め」（p.25）ると主張している。先の表5-1からは、接触経験の多い非母語話者による当該話題の導入割合が20％以上（接触場面Aで25.0％、接触場面Cで21.1％）だったのに対して、接触経験の少ない非母語話者のそれは20％に満たない（接触場面Bで16.7％、接触場面Dで11.7％）ことが分かる。特に、接触場面Dでの接触経験の少ない非母語話者による「大学生活」話題の導入頻度は、有意に低かった。以下に、接触経験の多い非母語話者による「大学生活」話題の導入例を、提示する（例5-5）。

例5-5　接触経験の多い非母語話者による「大学生活」話題の導入（接触場面C）

番号	話者	発話内容	小話題	大話題
		〜中略〜	キャリアカウンセラーとの面接	原島の就職活動
118	原島	「それをやりたいんですか？」って、キャリアカウンセラーに（あー）言われて、（はい）「うーん。それがやりたいのか、ちょっとよく分かんないな」ってなってて、今、困ってます。		
119	カイ	はい。やってみないと分からないですよね。それに心配とか。		
120	原島	うーん。でも、何か、ずっとそれをやるのは、ちょっと。		
121	カイ	つまらない？〈笑い〉		
122	原島	つま、つまんないし、きついかもと思って。〈笑い〉		
123	カイ	うん、うん。// 今、バイトは、あのー、スーパーでバイトしてます。	カイのアルバイト	両者のアルバイト
124	原島	あ、私も。	原島のアルバイト	
125	カイ	え、あ、何て？え、どこですか？		

例5-5では、ターン番号122まで「原島の就職活動」という話題が展開していたが、123でカイが仕事に関連して、アルバイトについての新話題を導入している。それまでは就職活動をしている原島が情報の提供を続けていたが、アルバイトという両者にとって身近な話題が導入された後では、両者が積極的に話し手となる様子が観察された。さらに、話題導入直後に、同様のアルバイトをしていることが発覚し、それにより2人の距離が縮んだことが、125以降で両者の話すスピードが速くなり声が高くなったこと、音声的重複の増加から推測された。このように、両者に身近な話題を導入することは、共通点を見つけるため、そして積極的な会話への参加を促すために、有効なストラテジーである。その上、共通点が見つかれば、ジャロンウィットカジョーン・加藤（2010）の主張のとおり、心的距離の短縮につながると考えられる。接触経験の少ない非母語話者が、「国事情・言語」話題への興味を特に持っていたことは、例5-2や例5-4で見たとおりである。そのような話題に強い興味を持っていたことが、より共通点が見つかりやすい「大学生活」話題の導入が、当該話者に少なかった一因と考えられる。

　最後に、「進路」は接触経験の多寡にかかわらず、母語話者と比べて非母語話者に多い傾向が見られた。20代学生にとって、その先の進路は非常に重要な話題である。それは個人の願望や不安にも関わるため、「基本情報」よりも深くプライバシーに踏み込むと考えられる。母語話者に少なかったのは、趙（2014）で主張されているように、日本語母語場面でプライバシーに関する話題を扱うことが、中国語母語場面よりも少ないためかもしれない。これについて母語話者に確認したところ、「日本人なら就職か進学だろうけど、留学生にはどんな選択肢があるのかもよく分からないため、進路には触れなかった」という旨の語りが得られた。このように明確な理由を述べたのは1名だけだったが、全体として「進路」話題の導入が少なかったことから、他の母語話者にも当該話題を避ける意識があったことが推測できる。

　ただ、自らの進路に関する話題を導入したホウからは、「自分がもっと深く理解していることだから、自分が言えることが多くなるんです」という語りを、聞くことができた。ホウは接触経験の少ない非母語話者であり、相対的には、接触場面に慣れていないといえる。そのため、「自分が言えることが多い」話題

を導入することは、積極的に会話に参加するための一つのストラテジーとしても、考えられる。同じく接触経験の少ない非母語話者であるナンからも、「自分が非母語話者だからまあ、簡単な話をしようかという感じ」という語りが聞かれた（接触場面B）。ナンからは「簡単な話」として、「自分の専門とか、なんかニュースとかじゃなくて生活のこととか」という回答を得ることができた。自信を持って話せる話題は、非母語話者の中でも個人個人で異なるだろう。しかし、ここでは、上級日本語学習者であっても話題による得手不得手があり、自らのために得意な話題を導入することがあることが、明らかになったといえる。

5.5 話題導入の内容分析のまとめ

　本章の主な結果として、まず接触経験の多い母語話者が、そもそも「国事情・言語」話題に興味を持っているために、これまで接触経験を積んできた可能性が示唆された。また、接触経験の多い母語話者が、自らの興味に加えて、「話しやすいかな、なんか答えられるかな」という非母語話者への配慮のために、「国事情・言語」話題を導入することがあることも、明らかになった。

　一方の非母語話者については、接触経験の少ない者が「国事情・言語」話題を導入することが多く、接触経験の多い者が「大学生活」話題を導入することが多かった。「国事情・言語」話題についてはフォローアップインタビューから、接触経験の少ない非母語話者が「前から日本人に聞いてみたかったから」という理由で、当該話題を導入することがあることが明らかになった。このような「これまで話題にする機会がなかったから話題にする」「話題にしたことがあるからこれ以上話題にしない」という興味の移り変わりは、言語習得と区別しながら、話題に影響する要因として今後も注目していく必要がある。また、「国事情・言語」話題が、プライバシーへの踏み込みを回避するために、接触経験の少ない非母語話者により導入されることがあることも、示唆された。さらに、「自分が言えることが多くなる」という理由から、特定の話題を導入することも明らかになり、非母語話者の話題に関する得手不得手の意識が話題導入に影響することも、示唆された。

　最後に、習得については、どのような話題が失礼になるか、どのような話題

を導入しながら共通点を探っていけばいいか、などについて非母語話者が接触経験を通して習得を進めている可能性を、指摘することができた。

第6章　談話分析：話題展開における話者間の関係性

　研究設問④「母語話者と非母語話者は、参加形式及び社会カテゴリーの観点から、どのように話題を展開するのか。そして、それは接触経験の量どのように異なるのか」に答えるために、会話データの話題の展開の様相を分析する。具体的には、各大話題を展開する際に、「話し手として参加しているのか、聞き手として参加しているのか」という参加形式の観点から、そして「学生同士」や「日本人と外国人」などの強調されている関係性の観点から、分析を行うこととする。関連する先行研究とコーディングの方法について述べた後で、分析結果に移る。

6.1　先行研究

　話題展開における参加形式に関する先行研究と、話者の社会的カテゴリーに関する先行研究を、順に見ていくこととする。

6.1.1. 話題展開における参加形式

　話題展開における参加形式については、代表的な研究として、水谷（1980、1983、1993）による対話と共話に関する論考が挙げられる。水谷（1980）は、「1人が自分の話を終わりまで述べて、次に他の1人が改めて自分の考えを述べ始めるより、2人が互いに補い合い、はげまし合いながら話の流れを作っていく」(p.32) ことを、日本語の会話の特徴として挙げ、そのような会話のスタイルを共話と呼んだ。共話と対比される対話は、水谷（1993）によると「2人の話し手がそれぞれ自分の発話を完結させてから相手の話を聞く形で、聞き手は話し手の文ないし発話が完結するのを黙って待つのが基本である」とのことである (p.6)。話し手の参加形式という観点からは、対話では話し手と聞き手の区別がはっきりしているのに対して、共話ではその区別が曖昧であり、2者間であればその両者が話し手であるとも考えられる。水谷（1983）はそのような共話における参加形式について、以下のように述べている。

（共話では）話し手・聞き手という区別はなくなってしまう。少なくとも、ひとりが話し、ひとりが聞くという、明確な線をとった対立はない。

(水谷1983、p.43)

　上記のように、共話の特徴を話者の参加形式の観点から述べた上で、水谷(1993)は「聞き手・話し手という区別がない」例として、以下のような談話の例を挙げている。

　Ａ：そろそろお暇しませんと…。
　Ｂ：まだ、いいじゃありませんか。
　Ａ：ちょっとほかに回るところがありますので。

(水谷1993、p.6)

　ここで水谷（1993）は、本来「そろそろお暇しませんと」の後ろに続く「なりませんので、失礼します」という文を言わなくとも、聞き手であるＢはそれを理解していることを指摘している。その意味を理解したＢは、すぐさま聞き手であることをやめて、話し手に回っている。このように、話し手の文の完結を待たずに、両者が話し手であるように話題を展開することが、共話の特徴だといえる。
　初対面会話における参加形式を分析した研究としては、宇佐美・嶺田（1995）が挙げられる。宇佐美・嶺田は、話題展開パターンとして「質問―応答型」と「相互話題導入型」の二つを提示しており、前者が水谷（1980、1983、1993）の対話に、後者が共話に相当すると述べている。宇佐美・嶺田（1995）が提示したそれぞれの定義は、以下のとおりである。

　質問―応答型：話者Ａが質問形式で話題を導入し、話者Ｂがそれに答える。ＡはＢの答えを受けて再び新しい話題を導入するというパターンである。
　相互話題導入型：話者ＡとＢが互いに話題を導入し合うものである。

Aが話題を導入し、Bはそれに答えた後、それに関連した新しい話題を添えるというパターンである。

(宇佐美・嶺田 1995、p.141)

　さらに、宇佐美・嶺田（1995）は、図 6-1 のように「質問─応答型」と「相互話題導入型」の話題展開例を提示している。なお、下記引用部分では、テーマ（theme）とレーマ（rheme、Danes 1974）のうち、テーマという用語を、本書の小話題に相当する用語として用いている。

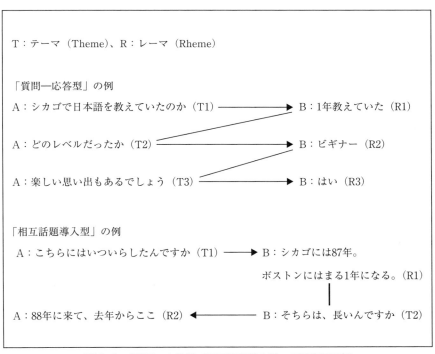

図 6-1　「質問─応答型／相互話題導入型」の話題展開例
(宇佐美・嶺田 1995、p.142)

　これらの二つの話題展開パターンについて宇佐美・嶺田（1995）は、「(1)の「質問─応答型」のようなパターンは、前段展開部で共通の話題が見つからなかった組によく見られ、共通した興味ある話題が見つかった組は、(2)の

「相互話題導入型」のようなパターンになった」という結果を提示している（p.142）。さらに、分析対象とした「目下と目上」の参加者による会話について、その話題展開パターンを、以下のように考察している。

> 初対面同士で目下と目上の場合、会話は、形式上は「対話型」を展開していくが、それは二人の話者が交互に自分の意見を述べる発話を完結させていくという形ではなく、目上が質問を出し、目下が答えていくというように、目上と目下がそれぞれの役割意識を担うという形になっているものが多かった。つまり、日本文化の中にまだ根強くある「年齢」に応じた役割というものが、会話にも反映されており、その例が話題導入の頻度や形式、また、その展開パターンの違いに表れていると言えるのではないだろうか。
>
> （宇佐美・嶺田 1995、p.142-143）

宇佐美・嶺田（1995）は上記のように年齢についての考察をした後で、「目上に当たる者が話題を導入していくことによって、会話をリードするという役割を果たしていることが明らかになった」と結論付けている（p.143）。

宇佐美・嶺田（1995）は母語場面のみを分析対象としているが、接触場面を分析する研究では、母語話者が質問をし、非母語話者がそれに答えるという一方的な「質問─応答型」が観察されている（加藤 2006 など）。加藤（2006）はそれについて、母語話者が「非母語話者の日本語能力が低い場合は母語話者から話題を出せ」という規範意識を持っていると主張しており、「言語的リソースを多く持っている母語話者が、会話をリードすることによって、非母語話者の負担を軽減しようというもの」と、やはり会話の主導に関わるものとして、説明している（p.12）。また、そのようなパターンは、Long（1981）によって母語話者のフォリナートークの特徴の一つとしても、挙げられている。

もう一つ、話者の参加形式に関わる研究として、会話の非対称性（asymmetries）を分析対象とする研究群が挙げられる。非対称性とは、岩田（2007）によると「対話の本質であり、対話の局所的（local）レベルから全体的（global）レベルまで多様なところに存在する不等価性（inequivalences）」

である (p.2)。代表的な研究である Linell & Luckmann（1991）は、非対称性を局所的レベルと全体的レベルに分けた上で、それぞれについて以下のように説明している。

> 局所的レベルにおける非対称性
> 　1回のやり取りや1回のターン交替に、見ることができる。例えば話し手と聞き手という役割分担と結び付いた、基本的な非対称性が該当する。
> 全体的レベルにおける非対称性
> 　複数のやり取りにまたがる、定量化できる集合した本質的なパターンの出現に見ることができる特質である。発話量や話題選択権、相手発話への介入の有無などから見ることができる。
> 　　　　　　　　　　　（Linell & Luckmann 1991、p.4-9、著者訳）

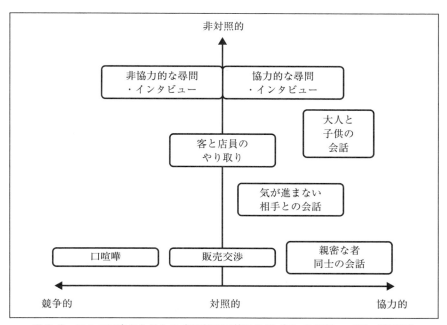

図6-2　二つの尺度から見た2者間場面の簡易分類（Linell 1990、p.171、著者訳）

上記のように非対称性を定義した上で、全体的レベルにおける非対称性がどのような会話に見られるのかについて、Linell（1990）は図6-2を提示している。

　ただ、Linell（1990）の提示した図はあくまで「簡易分類（simplified categorization）」であり、そこに分類される全ての会話に、同じ特徴が見られるわけでは決してないだろう。また、Linell & Luckmann（1991）も、「比較的対称であると見られる会話の中にもさまざまなレベルの非対称性が存在する」ことに、注意を促している。そのため、分析する観点によって対称的であるといえるか、非対称的であるといえるかは異なってくることを、Markova & Foppa（1991）も指摘している。西條（2005）もこの点について、以下のように述べている。

　　会話の参加者の発話量や、質問の数などが等しくても、トピックコントロールの面で両者が非対称である場合もあるし、その逆もある。つまり、会話の「対称性」と「非対称性」を分ける本質的な要件についての理論的な裏づけはない。

　　　　　　　　　　　　　　　　　　　　　　　　　（西條2005、p.167）

　ただ、ある会話についてそれが対称的か非対称的か判断することは困難であっても、本書で話題展開における話者の参加形式を分析する際に、それが対称的かどうかという観点は、参考になるだろう。

　母語話者と非母語話者の雑談会話を分析した岩田（2005）は、会話の中で非対称的に、母語話者の質問と非母語話者の応答が続く様子を観察している。そのような一方的な「質問―応答型」が見られた点は、加藤（2006）と同様である。ただ、岩田（2005）は、当該会話を縦断的に分析することで、非母語話者が「次第に相手の質問によってではなく自発的に意見や情報を述べる「バランスの取れたターン」の比率が高くなるという変化」まで、明らかにしている。その変化のきっかけとして、岩田（2005）は以下のような結論を提示している。下記引用部の「しんご」は母語話者であり、「ルーカス」は非母語話者である。

> ルーカスとしんごは、会話セッションの前半で「留学生対日本人」というカテゴリーで会話を始めた。しかし、そのカテゴリーは固定されず、両者は、やり取りを通して互いに何者として向き合うかを絶えず交渉した。その理由としては、「留学生対日本人」のカテゴリーに基づくやり取りでは、2人が共有できるものが発見できず、会話がスムーズに展開しにくかったことが考えらえる。そこで2人は、自分たちの接点に焦点を当てるようにやり取りを組織し、互いのカテゴリーを交渉し始めた。そして、その試みによって彼らのカテゴリーは「留学生対日本人」という対立するものから、「スポーツ愛好者」、さらには「同じイベントに参加する者」へと両者が共有できるものへと変化し、それに伴ってやり取りの対称性も変わっていった。
>
> （岩田 2005、p.148）

　さらに、その「やり取りの対称性」の変化については、具体的に三つの現象を観察している。それは、「しんごが、相手の話を聞き出すだけではなく、積極的に自分の情報を会話のリソースとして提供したこと」「ルーカスに、あいづち、相手の話のトピック化、適切な箇所での質問など、相手から話を引き出す態度があったこと」「お互いに共通の基盤を模索し、共有できる内容に敏感に反応した」ことの三つである（p.148）。岩田（2005）の結果からは、話題提供や質問、「相手から話を引き出す態度」などの話者の参加形式、及びそこに見られる対称性・非対称性が、話者の社会的カテゴリーの交渉にも影響されることが分かる。話者の社会的カテゴリーについての先行研究については、6.1.2で詳細に見ていくこととする。

　また、接触場面における対称性・非対称性について言及している岩田（2005）と西條（2005）に共通しているのは、会話の至るところに非対称性が偏在しているとしつつも、その非対称性を克服すべきものとして、また解消すべきものとして捉えていることである[1]。図6-2から分かるとおり、Linell（1990）は親密な者同士の会話が、全体的レベルから見れば極めて対称的であることを、提示している。一方、非対称的な会話として提示されたのは、インタビューや大人と子供の会話など、明確な役割や力関係がある会話である。ここから、岩

田（2005）及び西條（2005）が、接触場面における会話を、友好的であるべきもの、明確な力関係が顕在化するべきでないものとして、捉えていると考えられよう。本書で分析対象とする接触場面の初対面雑談会話についても、様々な非対称性が観察されることが予想される。ただ、その初対面雑談会話から、話者が友好的な関係を築きたいと望むのならば、より対称的である方がやはり望ましいと、考えられるだろう。

以上、話題展開における話者の参加形式についての先行研究を、概観した。本書では各話題を展開するにあたって、話者が話し手として参加しているのか、聞き手として参加しているのかに注目する。また、その話し手と聞き手という参加形式が、話題展開中にどのように変化するのかについても、質的に見ていくこととする。

6.1.2. 話題展開における話者の社会的カテゴリー

続いて、会話中で提示されたり交渉されたりする、話者の社会的カテゴリーについての先行研究を、概観したい。話者の社会的カテゴリーに注目する研究には、特に会話分析（Conversation Analysis）研究における成員カテゴリー（Membership Categories、Sacks 1972）という概念を用いているものが多い。杉原（2010）は成員カテゴリーを、「ある集団の中の相互行為に現われる成員のアイデンティティカテゴリーであり、会話の参加者が自己と他者を何者として位置づけているかという社会的関係性をあらわすもの」と定義している（p.60）。話者は自らの属性や会話の展開に応じて、「日本人／○○人」として話すこともあれば、「男性／女性」として、また「東京都民／神奈川県民」や「20代／30代」として話すこともあるだろう。成員カテゴリーの概念を用いる会話分析研究では、「日本人」であることや「外国人」であることを所与のものではなく、相互行為的に成し遂げられるもの、交渉されうるものと考える（Nishizaka 1995

---

1) 西條（2005）の論文題目は「接触場面の非対称性を克服する会話管理的方略」であり、非対称性を克服すべきものと捉えていることが分かる。また、岩田（2005）には「現場で行われている学習者と母語話者の活動において非対称的なやり取りが問題になった際に」（p.149）や「母語話者が学習者から話を引き出すだけになっているペアのやり取りは」（p.149）など、非対称性を問題点として捉えていることがうかがえる表現が、散見される。

など)。例えば接触場面で、母語話者が日本語について説明することがある。この場合、「日本語を説明する」という行為を通して、「日本人」であること、または「母語話者」であることが成し遂げられていると考えられる。

接触場面を対象とする研究には、特に「日本人/○○人」という関係性に注目するものが多い。例えば杉原（2003）は、ある地域に住む母語話者と非母語話者の話し合いにおいて、母語話者による「日本は」や「みなさんの国で」に続く質問と日本語の説明により、話者の「日本人/○○人」としての関係性が強調される様子を、明らかにしている。そして、そのような関係性の強調により、非母語話者の「自由な発言を阻み無理に受け手を「日本人/外国人」カテゴリー対に当てはめていく現象まで起こる」ことを、指摘している (p.16)。先行研究には、杉原（2003）のように「日本人/○○人」としての関係性の強調を、母語話者から非母語話者への権力作用として捉えているものが多い[2]。例えば、オーリ（2005）は杉原（2003）と同じく、ある地域に住む母語話者と非母語話者の話し合いを分析している。そして、母語話者による「日本人は」から始まるディスコースに注目し、「表面上何ら問題のないように見え、且つ母語話者に排除の意図が自覚されていないにもかかわらず、それ（特定のディスコース）が対話の場で使用されるや否や、母語話者と非母語話者の間に境界線を引いてしまう」ことを明らかにしている (p.142)。特定のディスコースとしては、①非母語話者の日本語を評価するディスコース、②「日本人」について一般化するディスコース、③「日本人」と「それ以外」を対比するディスコースが、挙げられている。①では「母語話者/非母語話者」、②及び③では「日本人/○○人」という話者の社会的カテゴリーが、強調されているといえる。

ここまで見てきた話者の社会的カテゴリーに関する研究は、全て制度的状況 (institutional settings、Drew & Heritage 1992) の会話を分析対象としている。制度的状況の会話とは、日常的な雑談会話と対比される概念であり、「診

---

[2] ここでいう権力とは、フーコーが提唱した微細な権力であり、「メンバーが絶えず協働で産出しているにもかかわらず、それが自明であるために「自然な社会構造」として転倒して構築され、その結果、メンバーに対して道徳的拘束力を及ぼすような」権力である（山田 2000、p.31）。

療場面、法廷、教室、カウンセリング、ニュースインタヴューなど、特定の制度的目的のもとに行われる相互行為」である（串田・好井 2010、p.222）。一方、本書と同じく雑談会話を対象とする研究として、Fukuda（2006）が挙げられる。Fukuda は、日本留学中の中国籍の非母語話者と、彼に奨学金を給付している団体の職員夫婦による雑談会話を、分析している。結果として、母語話者が自身の中国人イメージに基づいて、話題を選択し展開していることが明らかとなった。例えば「中国の人というのは給料が悪いね」や「飲んだことある？抹茶。コーヒーなんかよりこれの方がいいだろう」という母語話者による発話が、例示されている。ここで、母語話者は「中国事情に精通する中国人」、「日本の伝統的な文化に興味がある外国人」として、相手を位置付けていると考えられる。Fukuda（2006）は、母語話者によるこのような位置付けに対して、非母語話者が部分的な否定や消極的な応答により抵抗する様子を記述し、話者の社会的カテゴリーが交渉される過程を示している。また、「母語話者／非母語話者」としての関係性の強調については、母語話者による誤用訂正と言葉探しの補助も、そのきっかけとされることが多い（Ikeda 2005 など）。

　また、地域日本語教室における母語話者と非母語話者の関係についてインタビュー調査をした森本・服部（2006）と新居（2008）は、「日本人／外国人」「母語話者／非母語話者」という固定的な役割関係から抜け出し、「母親同士」などの共通カテゴリーもしくは「個人／個人」として、関係を築いていくことの必要性を主張している。新居（2008）によると、「対等という理想は、固定的な役割関係の下で相互行為を行う限りは実現し得ない。しかし、（中略）共にコミュニティを形成する１人の「個」として、考えていることをことばにし合うさいには、対等であると言うことができる」とのことである（p.55）。

　ただ一方で、先にも挙げたジャロンウィットカジョーン・加藤（2010）による、非対称的な関係性に注目し導入された話題が「お互いの相違点に関心を示し合い、会話を盛り上げ」（p.23）るという主張もある。そのため、話題を展開しながらどのような関係性が強調されているのか、そしてその関係性の強調がどのような機能を果たしているのかについては、質的に丁寧に検討していく必要があるだろう。

6.2 文字化資料のコーディング

　話題展開における参加形式に関するコーディング、話者の社会的カテゴリーに関するコーディングについて、順に説明する。

　話題展開の仕方について、本書では、各大話題の展開において話者が話し手として参加しているのか、聞き手として参加しているのか、参加形式の観点から分析する。その参加形式を見るために、各大話題の「話し手／聞き手」をコーディングした。本書では、話し手を、単に発話をしている話者ではなく、「当該話題において新情報や自身の意見などを提供している話者」と定義する。したがって、「当該話題において質問及び相づちしかしていない話者」は、聞き手と考えられる。また、2者のどちらかが話し手でどちらかが聞き手である必要はなく、ある話題を展開するにあたって両者が新情報や自身の意見を提示している場合は、両者が話し手であると考えられる。次ページにコーディングの例を示す（例6-1）。

　まず「日本の方言」という大話題については、浅井がターン番号58で、ムーがターン番号59で自らの状況や方言についての考えを出し合っている。そのような意見の交換は、ターン番号80で大話題が転換するまで続いた。したがって、「日本の方言」という話題について、両者が話し手であるとコーディングできる。次の話題「非母語話者の日本旅行」では、浅井は質問と相づちしかしていない。したがって、ムーが単独の話し手だと考えられる。以上が参加形式についてのコーディングの説明である。

　それでは、話者の社会的カテゴリーについてのコーディングの説明に移りたい。本項目については、必ずしも全ての話題展開において、話者が志向する関係性が明らかになるわけではないので、結果を量的に処理することはしない。その代わり、どのような関係性が強調されていたのか、各場面に特徴的だと考えられた例を挙げながら、質的に分析を進めていくこととする。

　話者が強調している関係性を同定する方法については、成員カテゴリーに関する先行研究を参考にする。Psathas（1999）は、「成員カテゴリー化がいかに維持され、いかに変化するのか」「そうしたカテゴリー化はいかにして妥当な

例 6-1 「話し手／聞き手」のコーディング（接触場面 A）

番号	話者	発話内容	小話題	大話題	話し手／聞き手
58	浅井	//いや、なんか今授業で、（はい）朝鮮語の授業（はい）なんですけど、朝鮮語から日本語に訳したものを、さらに自分の地方の方言に直して、（ああ、じゃ標準語）提出しろっていう。だから標準語なんだけどなっていう。そう、（へえ）だから関東勢みんな（はい）「方言ある？」「いや、ないでしょ」って言って。すごいつまらない課題になるだろうなって。	母語話者の授業課題	日本の方言	話し手＝両者
59	ムー	さっきもちょっと方言についてしゃべったんですけど、（うーん）なんか、自分自身はちょっと、なんか関西のそこら辺の、（うん）なんか方言がすごい好きだなって（ああ）言ってたんですけど、どうですか？　どこの方言がとくに好きとかってありますか？	方言の好み		
		〜中略〜			
78	浅井	それはそうですね、確かに。			
79	ムー	そうですね。なんかすごいストレスが。うーん。			
80	浅井	うーん。//日本とか旅されました？　国内。	非母語話者の日本旅行経験		
81	ムー	はい。あまり、なんかこの近くには、ちょっと、なんか横浜とか、（ああ）そういうなんか鎌倉とか。でも全然すごい近くなんで、そう遠い所は全然行ったことないですね。今から何かチャンスがあったら行こう（うん）と思ってるんですけど。なかなか学校も忙しいから。		非母語話者の日本旅行	話し手＝非母語話者　聞き手＝母語話者
82	浅井	そうですね。夏休みは？	夏休みの予定		

ものとされたり受諾されなかったりするのか」「そうしたカテゴリー化は、活動、能力、動機、義務、権利などといかにして関わるのか」が、会話を分析することで明らかにできると述べている（p.61）。杉原（2010）は、Psathas

(1999)の議論を基に、「当事者である参加者が互いに重要視しているカテゴリー化（具体的には「何者として発話しているのか」）に注目しながら、聞く・文字化する・観察するという作業を繰り返す」という方法により、会話内の成員カテゴリーを同定している（p.80）。本書でも、この方法を参考にしながら、話者がそれぞれの話題展開において強調している話者の社会的カテゴリーを、同定していきたい。以上が、本章の話題展開に関する分析の方法についてである。

6.3 展開された話題の分布

　話題展開における参加形式と話者の社会的カテゴリーの分析結果に入る前に、本書でコーディングされた大話題を観察しながら作成した10の大話題カテゴリーを、以下に示す。第5章では話題の導入に注目したため、各大話題を構成する小話題群の最初の小話題に注目し、五つの話題カテゴリーを作成した。以下に提示するのは、各大話題の展開の仕方まで観察し作成した、10の大話題カテゴリーである。

　　①基本情報（自己紹介、話者の名前・年齢・所属・出身地・家族情報など）
　　②経歴（大学入試・非母語話者の学部時代・非母語話者の日本滞在歴など）
　　③言語（お互いの言語学習・非母語話者の日本語・言語比較など）
　　④国事情（中国での人気アニメ・日本と中国の就職活動比較・日本文化・中華料理など）
　　⑤大学授業（ゼミ・研究テーマ・期末課題・母語話者の留学経験など）
　　⑥大学生活（サークル活動・アルバイト・居住環境・夏休みの予定など）
　　⑦進路（就職活動・将来の希望・大学院入試・非母語話者帰国後の進路など）
　　⑧第三者に関する事柄（共通の知り合い・共通の友人・教師のうわさ

など）
　⑨旅行（日本国内旅行・中国国内旅行・旅行の費用など）
　⑩その他（趣味・当該データ収集について・SNS 情報の交換など）

　話題導入時の小話題は同じであっても、会話参加者の相互作用により、大きく異なる方向に展開する様子が、多く観察された。大話題カテゴリーの数が10 にもなったのは、そのように多様な話題展開を捉えるためである。5.1 で提示した「基本情報」話題は「基本情報」及び「経歴」話題として、「国事情・言語」話題は「言語」「国事情」「大学授業」話題として、「進路」話題は「進路」話題として、「大学生活」話題は「大学生活」「第三者に関する事柄」「旅行」話題として、展開することが多かったといえる。ただし、それらはあくまでも傾向としていえることであり、「基本情報」話題が「大学生活」話題として展開することもあれば、「進路」話題が「経歴」話題として展開することなどもあったことを、ここに付記しておく。

　その次に、それぞれの会話群における、大話題の頻度を見ていくこととする。先行研究には話題を分析するにあたり、話題の導入頻度を数えるものが多かった（趙 2014 など）。しかし、それでは、例えば 10 ターンしか続かなかった話題と、50 ターン続いた話題を区別することはできない。そこで、本書では、大話題の導入頻度ではなく、当該話題のターン数を数えることとする。そうすることで、それぞれの話題が話者間の相互作用の中でどの程度継続したのか、そして各会話がどのような大話題により構成されているのかを見ていきたい。表 6-1 に、5 種類の会話群における 10 の大話題カテゴリーのターン数を示す。表中の上段は各会話群の当該話題のターン数であり、下段は全ターン数に占める当該話題ターン数の割合である。表中のターン数の偏りが偶然のものか否かを判定するために、カイ二乗検定を行った。その結果、偏りが有意だったので（$\chi^2(36)=1684.7, p<.01$）、どの項目がその有意性に貢献したのか判定するため、残差分析を行った。残差分析の結果有意だった項目には、表 6-1 内にアスタリスク（*）を併記することとする。アスタリスクについては第 5 章と同様に、各項目が有意に多い場合はターン数の右上に、有意に少ない場合はターン数の右下に記すこととする。

第 6 章 談話分析：話題展開における話者間の関係性

表 6-1　各会話群における大話題カテゴリーのターン数及び割合[3]

会話	話者	基本情報	経歴	言語	国事情	大学授業	大学生活	進路	第三者	旅行	その他	総計
母語場面	経験多い母語話者 経験少ない母語話者	150** (7.3)	60* (2.9)	120** (5.9)	74** (3.6)	416** (20.3)	487** (23.8)	244** (11.9)	413** (20.2)	4** (0.2)	78** (3.8)	2046 (100)
接触場面 A	経験多い母語話者 経験多い非母語話者	266 (12.7)	131* (6.2)	163 (7.8)	377** (18.0)	279 (13.3)	287* (13.7)	127** (6.1)	140** (6.7)	243** (11.6)	81** (3.9)	2094 (100)
接触場面 B	経験多い母語話者 経験少ない非母語話者	256** (14.8)	73 (4.2)	204 (11.8)	189 (11.0)	321** (18.6)	180** (10.4)	111** (6.4)	84** (4.9)	89* (5.2)	218** (12.6)	1725 (100)
接触場面 C	経験少ない母語話者 経験多い非母語話者	272* (14.0)	47** (2.4)	201 (10.4)	239* (12.3)	199** (10.3)	284 (14.7)	282** (14.6)	136** (7.0)	143 (7.4)	135 (7.0)	1938 (100)
接触場面 D	経験少ない母語話者 経験少ない非母語話者	251** (15.3)	36** (2.2)	304** (18.5)	140** (8.5)	156** (9.5)	203** (12.4)	171 (10.4)	45** (2.7)	137** (8.4)	196** (12.0)	1639 (100)

表 6-1 を見て分かるように、母語場面に有意に多かった話題は、「大学授業」「大学生活」「進路」「第三者に関する事柄」である。母語場面にこれらが多かったのは、母語話者同士で情報の共通性が高かったからだと考えられる。本書の母語話者は同じ大学に通う母語話者だったため、初対面ではあったものの、同じ授業を取ったことがあったり、同じ知り合いがいたりする組み合わせが多かった。一方、様々な背景を持つ非母語話者については、母語話者と同じ大学に通っているとはいえ、母語話者同士と比較すればその共通性は高くなかったといえる。また、「基本情報」「経歴」「言語」「国事情」「旅行」「その他」という6項目が、母語場面には有意に少なかった。「基本情報」については、接触場面において話者間の情報の共通性が低いために、お互いに聞き合ったり確認

---

[3] なお、上の表におけるターン数の総計は、3.3 に表 3-4 として提示した各会話群のターン数総計よりも、わずかに少なくなっている。それは、各会話の冒頭で挨拶のみのターンがある場合に、それらのターンは特定の話題がまだ導入されていないと判断し、上の表 6-1 には含めなかったからである。

し合ったりすることが多かったと考えられる。三牧（1999）は初対面会話の「基本情報交換期／話題選択—展開期／終了期」という構成を提示している。文字化資料を見た結果、母語場面8会話の基本情報交換期が平均15.5ターンだったのに対し、接触場面32会話の基本情報交換期は平均29.3ターンだった[4]。「経歴」についても、母語話者同士の情報の共通性の高さが、そのターン数が低い要因ではないかと考えられる。「言語」「国事情」「旅行」に含まれた話題の多くは、「日本人／中国人」または「母語話者／非母語話者」という国籍または言語に基づく関係性に基づき、導入されている。母語場面にそれらの話題が少なかったのは、それが日本人同士であり母語話者同士の会話であるからだと、考えられよう。

　それでは、表6-1の結果も参考にしながら、以下6.4及び6.5で、話題展開についての分析結果を見ていくこととする。

6.4　話題展開における参加形式についての結果

　本節では、「話し手／聞き手」コーディングの結果を提示しながら、大話題ごとの話者の参加形式について、分析結果を見ていくこととする。6.4.1で会話全体における「話し手／聞き手」のコーディング結果を提示し、6.4.2以降で大話題カテゴリーごとの結果を見ていきたい。それぞれの話題におけるコーディング結果を提示するとともに、具体的な文字化資料を提示しながら、どのような話者の行動がそれらの結果につながったのか、質的に見ていくこととする。

6.4.1. 会話全体

　まず、会話全体での「話し手／聞き手」のコーディング結果を以下に提示する。なお、表中の「話」はコロン後に記された話者が話し手であることを、「聞」は当該話者が聞き手であることを示している。

　表6-2は母語場面の、表6-3は四つの接触場面における、話し手の頻度及び

[4) 一度「話題選択—展開期」に入った後でもう一度基本情報を交換する場合も見られたが、そのターン数はここの計算には含めていない。

割合である。ここで提示する表についても、カイ二乗検定を実施している。表の下にその結果を記し、残差分析の結果も、アスタリスクを用いて表すこととする。ただし、母語場面の話し手のコーディング結果については、場面数が一つであるため、残差分析を適用することができない。そのため、ターン数の偏りが有意であるかどうかのみを、カイ二乗検定の結果により示すこととする。

表6-2 母語場面全体の話し手の頻度及び割合

会話	話：経験多い母語話者 聞：経験少ない母語話者	話：経験少ない母語話者 聞：経験多い母語話者	話：両者 聞：なし	総計
母語場面	268(13.1)	653(31.9)	1125(55.0)	2046(100)

($\chi^2(2)$=540.3, p<.01)

表6-3 接触場面全体の話し手の頻度及び割合

会話	話者	話：母語話者 聞：非母語話者	話：非母語話者 聞：母語話者	話：両者 聞：なし	総計
接触場面A	経験多い母語話者 経験多い非母語話者	301**(14.4)	718**(34.3)	1075**(51.3)	2094(100)
接触場面B	経験多い母語話者 経験少ない非母語話者	221**(12.8)	928**(53.8)	576**(33.4)	1725(100)
接触場面C	経験少ない母語話者 経験多い非母語話者	552**(28.5)	57**(23.6)	929**(47.9)	1938(100)
接触場面D	経験少ない母語話者 経験少ない非母語話者	419**(25.6)	612(37.3)	608**(37.1)	1639(100)

($\chi^2(6)$=497.7, p<.01)

表6-2からは、母語場面で両者が話し手となり会話を進めることが、最も多かったことが分かる。接触場面の話し手を表す表6-3からは、まず接触経験の多い母語話者が参加する接触場面A及びBにおいて、母語話者が単独で話し手となることが少ないことが読み取れる。一方、接触経験の少ない母語話者が参加する接触場面C及びDでは、母語話者が単独で話し手となることが多く、対照的な結果となっている。非母語話者の接触経験に注目すると、接触経験の多い非母語話者が参加する接触場面AとCにおいて、非母語話者が単独で話し手となることが少なく、両者で話し手となることが多いことが分かる。最後に、接触経験の少ない非母語話者の参加する接触場面Bでは、非母語話者が単独で話し手となることが多く、両者で話し手となることが少ない傾向が読み

取れる。したがって、母語話者と非母語話者にかかわらず、接触経験の少ない話者は単独で話し手となることが多かったといえよう。一方、両者の接触経験が多い接触場面Aでは両者が話し手となることが、両者の接触経験が少ない接触場面Dでは母語話者のみが話し手となることが多かったといえる。

Linell & Luckmann（1991）らの用語を借りれば、両者が話し手であることが多い場合に、その会話は話者の参加形式という観点から、対称的であるといえる。そして、どちらか一方が話し手になることが多ければ、その会話は非対称的であるといえる。そのため、表6-2及び表6-3の結果からは、母語場面と接触場面Aは対称的であり、その他の場面は比較的、非対称的だったといえるだろう。ただし、先に述べたように、対称的か非対称的かは観点によって変わるものであり、あくまで話し手と聞き手という参加形式の観点から見た場合に限られることに、注意されたい。以下では、話者のどのような参加の仕方が、各場面における対称性及び非対称性に寄与したのかについても、質的に見ていくこととする。

それでは、以下で、話題ごとに「話し手/聞き手」のコーディング結果を見ていく。

6.4.2.「基本情報」話題

表6-1に示したとおり、「基本情報」は接触場面B及びDに多く、母語場面に少なかった大話題カテゴリーである。以下に、母語場面及び接触場面の、「基本情報」話題における話し手コーディングの結果を提示する（表6-4、5）。

表6-5を見ると、接触場面全体の傾向と同じように、接触経験の少ない話者が単独の話し手として、経験の多い話者が聞き手として話題に参加している傾向がうかがえる。そして、母語場面及び接触場面Aでは、両者が話し手となり話題を展開させていることが分かる。例えば以下が、母語場面及び接触場面

表6-4 母語場面「基本情報」の話し手の頻度及び割合

会話	話：経験多い母語話者 聞：経験少ない母語話者	話：経験少ない母語話者 聞：経験多い母語話者	話：両者 聞：なし	総計
母語場面	35(23.3)	26(17.3)	89(59.3)	150(100)

（$\chi^2(2)=46.4$, $p<.01$）

表 6-5　接触場面「基本情報」の話し手の頻度及び割合

会話	話者	話:母語話者 聞:非母語話者	話:非母語話者 聞:母語話者	話:両者 間:なし	総計
接触場面 A	経験多い母語話者 経験多い非母語話者	21*(7.9)	35**(13.2)	210**(78.9)	266(100)
接触場面 B	経験多い母語話者 経験少ない非母語話者	16**(6.3)	90**(35.2)	150**(58.6)	256(100)
接触場面 C	経験少ない母語話者 経験多い非母語話者	49**(18.0)	43**(15.8)	180(66.2)	272(100)
接触場面 D	経験少ない母語話者 経験少ない非母語話者	43**(17.1)	55(21.9)	153*(61.0)	251(100)

($\chi^2(6)$=68.7, p<.01)

Aにおける典型的な話題展開の仕方だった（例 6-2）。

例 6-2　接触経験の多い母語話者と少ない母語話者による「基本情報」話題の展開
（母語場面）

番号	話者	発話内容	小話題	大話題
1	白鳥	よろしくお願い（よろしく）しまーす。		話題導入前
2	松本	お願いします。		
3	白鳥	//ま、松本さん。	松本姓名	お互いの 姓名と所属
4	松本	はい。松本です。		
5	白鳥	松本さん。し、白鳥です。（白鳥さん）よろしく（よろしくお願いします）お願いします。今、3年生ですか？	白鳥姓名	
6	松本	はい。（あ）3年生です。		
7	白鳥	あ、何科ですか？	松本学科	
8	松本	えっと、英語科です。		
9	白鳥	あ、そう（はい）なんですね。		
10	松本	何科ですか？	白鳥学科	
11	白鳥	わたし、ドイツ語科の4年です。		

　上記の例では、ターン番号3で「お互いの姓名と所属」という大話題が導入され、その中でお互いの姓名、学科に関する情報が順に紹介されている。母語場面及び接触場面Aでは、このような双方向の自己開示が一つの大話題の中に観察されることが、多かった。一方で、接触場面B及びCでは類似した場面におい

ても、接触経験の少ない者が単独で話し手となることが多かった。それらの場面では、接触経験の多い者が少ない者に対して、その所属や出身地、家族構成などを立て続けに質問している様子が観察された。例えば以下が、接触経験の多い母語話者と接触経験の少ない非母語話者の、会話の様子である（例6-3）。

例6-3 接触経験の多い母語話者と接触経験の少ない非母語話者の「基本情報」話題の展開における自己開示の様子（接触場面B）

番号	話者	発話内容	小話題	大話題
67	大木	// きょうだいはいる、いる？	兄弟の有無	チュウの兄弟
68	チュウ	きょうだいは一応いますけど、今、あの、まだあの、うーん、しゅ、修士？　まだ学生なので。	兄弟の所属	
69	大木	へー。// え、今はどこに住んでるんですか？	住居の場所	チュウの住居
70	チュウ	あの、きょうだいですか？		
71	大木	あ、ううん。チュウさん。		
72	チュウ	あ、ああ、私ですか？今？今、あの。		
73	大木	あ、寮？		
74	チュウ	いや、寮、寮ではなくて。		
75	大木	学校の前のとこ？		

　例6-3を見ると、母語話者が非母語話者に対して、ターン番号67、69、73、75で立て続けに様々な質問をしていることが分かる。母語話者に「沈黙が続かないよう話題を出した」という声が多かったことは、第5章で述べたとおりである。第5章では、そのような声から「非母語話者の日本語能力が低い場合は母語話者から話題を出せ」（加藤2006）という規範意識がうかがえることを指摘し、そのような規範意識ゆえに話題の導入頻度が母語話者に高かったのではないかと、考察した。表6-5に見られた結果も同様に、母語話者に会話を主導する意識があったためと考えられよう。つまり、そのような意識が積極的な質問につながり、それが結果として母語話者を聞き手として参加させる要因になったのだと考えられる。

　また、第5章では、接触経験の少ない非母語話者から「失礼にならないよう意識した」という語りが聞かれたこと、さらにそのような意識のために会話冒

第 6 章　談話分析：話題展開における話者間の関係性

頭での「基本情報」話題の導入が少ないことを考察した。話題の展開についても、「失礼にならないように意識した」ために、母語話者の基本情報を聞くような質問ができなかった可能性が考えられる。実際にフォローアップインタビューでは、以下のような語りを聞くことができた（語り6-1）。

語り6-1　ナン（接触場面B）
ナン：色々聞きたかったんですけど、どこまで聞けばいいか。どの程度というか、分からなくて、じゃあ止めておこうという感じ。
著者：それはどうしてですかね？
ナン：なんか中国で勉強したとき日本語以外にも先生に色々と紹介していただいて、その中にとりあえず日本人に迷惑をかけない、また日本人が自分の個人的な情報を大切にしていますから、それに触らない。まあそういうイメージが、日本に来る前から私の中にあります。

　上の語りから分かるように、接触経験の少ない非母語話者は失礼さへの懸念を持っていたために、聞き手として相手に質問をすることに抵抗を持っていたと考えられる。そして、そのような懸念及び質問への抵抗が、参加形式の非対称性に寄与したといえるだろう。
　ただ、それが「基本情報」話題である以上、初対面会話ではお互いにそれを開示し、対称的に話題展開に参加することが、その後の友好的な対人関係形成につながると考えられる。そのため、どちらか一方が話し手となるのではなく、母語場面及び接触場面Aのように、両者が話し手として当該話題に参加することが望ましいだろう。

6.4.3.「経歴」話題

　「経歴」は、表6-1のとおり、接触場面A及びBに多く、他の会話群には少なかった大話題カテゴリーである。以下に、母語場面及び接触場面の「経歴」話題における、話し手コーディングの結果を提示する（表6-6、7）。なお、表6-7については、「母語話者」と「両者」が話し手となる頻度が極端に少なかったため、カイ二乗検定を用いることができなかった[5]。

表 6-6　母語場面「経歴」の話し手の頻度及び割合

会話	話：経験多い母語話者 聞：経験少ない母語話者	話：経験少ない母語話者 聞：経験多い母語話者	話：両者 聞：なし	総計
母語場面	32(53.3)	28(46.7)	0(0.0)	60(100)

$(\chi^2(2)=30.4, p<.01)$

表 6-7　接触場面「経歴」の話し手の頻度及び割合

会話	話者	話：母語話者 聞：非母語話者	話：非母語話者 聞：母語話者	話：両者 聞：なし	総計
接触場面 A	経験多い母語話者 経験多い非母語話者	0(0.0)	131(100.0)	0(0.0)	131(100)
接触場面 B	経験多い母語話者 経験少ない非母語話者	0(0.0)	73(100.0)	0(0.0)	73(100)
接触場面 C	経験少ない母語話者 経験多い非母語話者	2(4.3)	45(95.7)	0(0.0)	47(100)
接触場面 D	経験少ない母語話者 経験少ない非母語話者	9(25.0)	15(41.7)	12(33.3)	36(100)

　表6-7では、統計的手法は用いることはできなかったものの、接触場面で非母語話者が話し手となることが、明らかに多いのが分かる。文字化資料を確認したところ、母語話者が聞き手として非母語話者の経歴について質問を繰り返す様子が見られた。本書の非母語話者は、母語話者と比べて多様な経歴を持っており、それがこのような結果につながったと考えられるだろう。次ページにその例をあげる（例6-4）。

　例6-4のような、一方的に母語話者が質問しそれに非母語話者が答えるというのが、接触場面における「経歴」話題の典型的な展開の仕方だった。これは、そもそもこれらの話題が非母語話者の経歴を聞くことを目的に、母語話者によって導入されることが多かったためでもあるだろう。つまり、その話題の内容

---

5) 田中・山際 (1989) は「期待度数が1以下のセルが一つでもある場合」と「期待度数5以下のセルの数が全セル数の20％を越える場合」に、想定される母集団の分布がカイ二乗分布に近似しなくなると述べており、カイ二乗検定は不適切となると主張している (p.265)。本研究でも、その主張を参考にした。

例6-4　接触経験の多い母語話者と多い非母語話者による「経歴」話題の展開
（接触場面A）

番号	話者	発話内容	小話題	大話題
		〜中略〜	コンサート	リュウと
209	福田	サマーソニックも行った、いいですね。		アイドル
210	リュウ	うん、行きました。ロックが好き。		
211	福田	楽しんでいるじゃないですか。		
212	リュウ	うん、そう。でも、今は全然時間がなくて。		
213	福田	今は時間がない。		
214	リュウ	うん。		
215	福田	//いつから日本にいるんです？	リュウ来日時期	リュウ経歴
216	リュウ	2012年。		
217	福田	12年から、もうずっと。		
218	リュウ	はい。		
219	福田	え、その前は大学にいたんですか？	学部	
220	リュウ	その前に、国で、もう（ええ）、大学を卒業して（はい）、1年間が、英語教師として（はい）働いて（はい）、あと、何だ、急に、もう、この仕事をやりたくない、もう、気持ちがあってじゃ、辞めて…。		
221	福田	すごい。		
222	リュウ	お母さんに相談してきました。		
223	福田	えー、すごいですね。日本に来て、大学、大学じゃなくて、え、働いていたんですか？		

が、接触場面に見られた非対称性に強く影響したものと考えられる。母語場面における当該話題の中では、母語話者の大学受験についての情報交換が多かったが、接触場面における「経歴」話題の展開では、母語話者の経歴はほとんど話題に上らなかった。

6.4.4.「言語」話題

表6-1に示したとおり、「言語」は接触場面Dに多く、母語場面に少なかった大話題カテゴリーである。表6-8と表6-9は、母語場面及び接触場面における「言語」話題における、話し手コーディングの結果である。

「言語」に含まれた話題には、「非母語話者の日本語」と「母語話者の第二外

表 6-8　母語場面「言語」の話し手の頻度及び割合

会話	話：経験多い母語話者 聞：経験少ない母語話者	話：経験少ない母語話者 聞：経験多い母語話者	話：両者 聞：なし	総計
母語場面	21(17.5)	9(7.5)	90(75.0)	120(100)

($\chi^2(2)=95.6, p<.01$)

表 6-9　接触場面「言語」の話し手の頻度及び割合

会話	話者	話：母語話者 聞：非母語話者	話：非母語話者 聞：母語話者	話：両者 聞：なし	総計
接触場面A	経験多い母語話者 経験多い非母語話者	13**(8.0)	22**(13.5)	28**(78.5)	163(100)
接触場面B	経験多い母語話者 経験少ない非母語話者	26(12.7)	79**(38.7)	99**(48.5)	204(100)
接触場面C	経験少ない母語話者 経験多い非母語話者	67**(33.3)	34**(16.9)	100**(49.8)	201(100)
接触場面D	経験少ない母語話者 経験少ない非母語話者	39*(12.8)	87(28.6)	178(58.6)	304(100)

($\chi^2(6)=93.2, p<.01$)

国語学習」に関連するものが多かった。それらの話題は先述のとおり、多くの場合「日本人／中国人」という話者の社会的カテゴリーを基盤とし、導入されたと考えられた。また、それが母語場面に有意に少なかった理由だろう。接触場面Aで両者が話し手となることが多かったのは、全体及び「基本情報」の傾向と同じである。さらに、話者間の接触経験に差がある接触場面B及びCからも、やはり全体及び「基本情報」の傾向と同じく、経験の多い方が聞き手となり、少ない方が話し手となる様子が見て取れる。例えば接触場面Bには、母語話者の「何がきっかけで日本に興味を持ったんですか？」や「なんで日本語の勉強を始めたんですか？」という質問から始まる話題があり、話題を通して非母語話者は話し手として、母語話者は聞き手として参加していた。

　接触場面Aにも非母語話者の民族の言葉（モンゴル語）が話題となることがあったが、話題が展開する中で母語話者が当該言語を学習する友人についてのエピソードを紹介したことで、両者が話し手となる様子が見られた。これは、母語話者の発話をきっかけとして、話者の参加形式が対称的になった例と考えられる。以下に当該部分を抜粋し、例示する（例6-5）。

例 6-5 接触場面の多い母語話者と多い非母語話者による「言語」話題の展開（接触場面 A）

番号	話者	発話内容	小話題	大話題
		〜中略〜	モンゴル語文字	
159	ムウ	こう、縦で書かなきゃならないです、横では書けないですね。（あー）これで全部で1文字なので、これ、これ私のこれ、の、名前は全然短い方なんですけど、これの2倍ぐらいのもいるんですね。名前〈笑い〉		ムウ言語
160	浅井	え、これで、えっとムウさんのムっていう文字？		
161	ムウ	そうですね、ここまでが【ムウ姓名一部】で、ここまでが【ムウ姓名一部】で、ここが【ムウ姓名一部】の発音になってるんですけど。		
162	浅井	あーー。		
163	ムウ	はい〈笑い〉		
164	浅井	すごい。じゃあこの波線でつなげて書いてくのを（はい）ちゃんと分かんないと、字として読み取ってもらえないってことですよね。		
165	ムウ	はい。うーん。		
166	浅井	それはすごい。いやー。		
167	ムウ	だから、はい、結構、何か、結構こう説明するのがあったんですけど、みんなが見てて、「それ一緒じゃないですか」みたいに言われることがあって、「あ、全然違います」みたいな＜笑い＞		
168	浅井	うーん。確かに。韓国語とか比べたら、簡単ですね。〈笑い〉（〈笑い〉）めっちゃ簡単だ。そっかー。何か知り合いにモンゴル語科の子がいるんですけど（あ、ほんとですか）、そういう感じのことをやってたんだ。	浅井の友人	

　ムウは中国語とモンゴル語のバイリンガルであり、モンゴル語に関する話題では、ムウが専門的な知識を持っているといえる。ターン番号167までは、接触場面 B 及び C と同様に、専門的な知識を持つムウが単独の話し手として当該話題に参加している。浅井はモンゴル語の知識もないため、質問する役割を担っていたが、168で友人の学習体験に言及することで話し手になったと考えられた。接触場面 A ではこのように、相手がより詳しいと考えられる話題においても、それまで聞き手だった話者が自らの関連エピソードなどを紹介することで、話し手となる様子が観察された。話題により、話者が持つ知識の量に

差があるのは当然であり、そのような非対称性があるために、情報や意見を話者間で交換することに意味があるとも考えられる。ただ、接触場面Aに見られた上の例6-5では、知識量の非対称性が参加形式の非対称性に必ずしも直結しない様子を、観察することができた。知っている範囲で関連エピソードを紹介することで、例6-5での参加形式は、より対称的になったと考えられる。他の場面では、そのような「非対称性の克服」（西條2005）は起こらず、知識量の非対称性が参加形式の非対称性につながっていたため、表6-9のような場面間の差が見られたのだと考えられる。

6.4.5.「国事情」話題

表6-1に示したとおり、「国事情」は接触場面A及びCに多く、母語場面及び接触場面Dに少なかった大話題カテゴリーである。以下に、各場面における、「国事情」話題の話し手コーディングの結果を提示する（表6-10、11）。

表6-11を見ると、「国事情」の話題が多かった接触場面A及びCでは、両者が話し手となることが多かったことが分かる。このことから、両者が日本及

表6-10 母語場面「国事情」の話し手の頻度及び割合

会話	話：経験多い母語話者 聞：経験少ない母語話者	話：経験少ない母語話者 聞：経験多い母語話者	話：両者 聞：なし	総計
母語場面	0(0.0)	10(13.5)	64(86.5)	74(100)

($\chi^2(2)=96.1, p<.01$)

表6-11 接触場面「国事情」の話し手の頻度及び割合

会話	話者	話：母語話者 聞：非母語話者	話：非母語話者 聞：母語話者	話：両者 聞：なし	総計
接触場面A	経験多い母語話者 経験多い非母語話者	20**(5.3)	73**(19.4)	284**(75.3)	377(100)
接触場面B	経験多い母語話者 経験少ない非母語話者	10**(5.3)	134**(70.9)	45**(23.8)	189(100)
接触場面C	経験少ない母語話者 経験多い非母語話者	15**(6.3)	33**(13.8)	191**(79.9)	239(100)
接触場面D	経験少ない母語話者 経験少ない非母語話者	73**(52.1)	23**(16.4)	44**(31.4)	140(100)

($\chi^2(6)=457.6, p<.01$)

第 6 章 談話分析：話題展開における話者間の関係性

例 6-6　接触経験の少ない母語話者と少ない非母語話者による「国事情」話題の展開
(接触場面 D)

番号	話者	発話内容	小話題	大話題
76	キュウ	//うん、やっぱり、あの、中国に、中国に、(はい)興味を持っていますかって、興味を持っていますか？	中国への興味	佐藤と中国
77	佐藤	あ、あります。		
78	キュウ	ほんとで。		
79	佐藤	なにか友だちが中国人の友だちが多くて、ここの大学で。	中国人友人	
80	キュウ	あー。どうして中国人と友だちになると思いますか？		
81	佐藤	なんだか中国の人が多くて。たくさん(うん)日本に来てるじゃないですか。(うん)で、この大学も中国からの留学生が多くて、自然と。		
82	キュウ	ああ、授業が一緒の。		
83	佐藤	うん、あの、同じベトナム語のクラスに、友だちが中国人。		
84	キュウ	ああ、そうですか。		
85	佐藤	で、その子の友だち(うん)と知り合って、(あー)うん、だんだん。		
86	キュウ	あ、なるほど。うーん、で、中国、何が興味。		
87	佐藤	中国語が(うん)好きなんです。なんか音が、(あ)かっこいいじゃないですか。(えっ)えー。(ほんと)音が、音がこう、(うん)日本語って、こう音の、上がったり下がったりが(そうそうそう)ないじゃないですか？	中国語	

び中国、また第三国について積極的に話し合った結果、当該大話題カテゴリーの頻度が増えたと考えられる。また、表 6-11 からは、接触場面 D で母語話者のみが話し手となることが、極端に多かったことも読み取れる。同じく接触経験の少ない母語話者が参加する接触場面 C と比較しても、その様相は大きく異なる。接触場面 C と D の違いは非母語話者の接触経験の多さであるので、非母語話者の参加の仕方に違いがあったのだと推測されよう。つまり、接触経験の少ない母語話者が話し手として「国事情」の話題に参加したのは同じでも、接触経験の多い非母語話者が自らも話し手として意見や中国の事情を述べたの

に対して、接触経験の少ない非母語話者は聞き手として参加するにとどまっていたと考えられる。前ページにその例を一つ、提示した（例6-6）。

例6-6では、キュウが当該話題を導入し、佐藤がキュウによる質問に答える形で、話題が展開している。接触場面Cでは同様の場面において、非母語話者も話し手となることが観察されたが、接触場面Dには例6-6のように、聞き手にとどまる非母語話者の様子が際立っていた。特に例6-6では、中国に関する話題が展開されているため、中国人であるキュウも何らかの情報や意見を提示することが、自然だと考えられよう。キュウからは、この例示部分における参加形式について、特にフォローアップインタビューで意識などを聞くことはできなかった。

続いてもう一つ、接触場面Aから「国事情」話題の展開例を提示したい（例6-7）。

例6-7　接触経験の多い母語話者と多い非母語話者による「国事情」話題の展開
（接触場面A）

番号	話者	発話内容	小話題	大話題
175	和木	確かに韓国の人は、（うん）すごい携帯を見るイメージがあります。	韓国事情	携帯電話
176	ブン	ああ。		
177	和木	わたしの友だちも（うん）いるんですけど、すごい携帯たくさんいじる。中国はどうですか？	中国事情	
178	ブン	中国、あー、今もうスマホ、スマートフォンとか（うんうん）iPhoneとか、うん、ばっかり見て。うん。		
179	和木	そう。日本人も（うん）、もう若い人（うん）、やっぱ大学生、高校生（うん）とかは、本当にスマホって感じだけど。	日本事情	

例6-7では、「携帯電話」という大話題を展開する中で、各話者が詳しい国の事情を紹介している。接触場面Aには、このようにお互いの国の事情や第三国の事情について、自らの知っている情報や意見をお互いに交換する場面が多く見られた。したがって、やはり「国事情」においても、接触場面Aには参加形式に対称性が見られたと、考えられた。

また、本大話題カテゴリーについては、接触場面Cにおいても両者が話し手となる様子が多く観察された。繰り返しになるが、話し手と聞き手という参加形式の観点からは、例6-7のように両者が話し手として話題に参加することは、初対面会話において友好的な関係作りを始めるための、第一歩にもなると考えられる。

以上が、「国事情」の話題展開における話者の参加形式についてである。

6.4.6.「大学授業」話題

次の「大学授業」は表6-1のとおり、母語場面及び接触場面Bに多く、接触場面C及びDの会話群には少なかった大話題カテゴリーである。以下に、母語場面及び接触場面における、「大学授業」話題の話し手コーディングの結果を提示する（表6-12、13）。

表6-12　母語場面「大学授業」の話し手の頻度及び割合

会話	話：経験多い母語話者 聞：経験少ない母語話者	話：経験少ない母語話者 聞：経験多い母語話者	話：両者 聞：なし	総計
母語場面	122(29.3)	162(38.9)	132(31.7)	416(100)

($\chi^2(2)=6.3$, p<.05)

表6-13　接触場面「大学授業」の話し手の頻度及び割合

会話	話者	話：母語話者 聞：非母語話者	話：非母語話者 聞：母語話者	話：両者 聞：なし	総計
接触場面A	経験多い母語話者 経験多い非母語話者	75**(26.9)	134**(48.0)	70*(25.1)	279(100)
接触場面B	経験多い母語話者 経験少ない非母語話者	77**(24.0)	186**(57.9)	58**(18.1)	321(100)
接触場面C	経験少ない母語話者 経験多い非母語話者	65(32.7)	8**(4.0)	126**(63.3)	199(100)
接触場面D	経験少ない母語話者 経験少ない非母語話者	111**(71.2)	12**(7.7)	33**(21.2)	156(100)

($\chi^2(6)=318.3$, p<.01)

表6-13を見ると、接触経験の多い母語話者が参加する接触場面A及びBにおいて、非母語話者が単独で話し手となることが多かったことが分かる。接触場面の「大学授業」話題では、特に母語話者の留学中の授業体験と、非母語話

者の大学及び大学院での授業が話題となることが多かった。

　文字化資料を確認すると、接触場面A及びBに参加した接触経験の多い母語話者が非母語話者の授業について質問することが多かったのに対して、接触場面C及びDに参加した接触経験の少ない母語話者は、非母語話者の授業よりも、自らの留学中の体験を話すことが多かったといえる。それが、表6-13で見られた結果につながったと考えられる。特に接触場面Bで非母語話者が単独の話し手として参加した話題のターン数（186）が多くなっており、これが影響して話題としても有意に多くなったことが、推察される。例6-8として、接触場面Bで、接触経験の多い母語話者が非母語話者の大学院の授業について、様々な質問をしている場面を例示する（例6-8）。

例6-8　接触経験の多い母語話者と少ない非母語話者による「大学授業」話題の展開
（接触場面B）

番号	話者	発話内容	小話題	大話題
45	白鳥	//日本語教育、え、ゼミ、誰ですか？	指導教員	ハクのゼミ
46	ハク	あ、【講師名】ゼミです。【講師名】ゼミで。		
47	白鳥	大変ですね。（あっはは）「大変」と、（だと、ふふふ）噂はかねがね。		
48	ハク	でも、すごく良い方。（うー）すごく。1回授業を受けただけで、もう、すごく勉強になるので、（ほおー）すごく、えん、運がよ、（あー、あっ）良いと思います。（ほんとですか）		
49	白鳥	あの、ポライトネス。		
50	ハク	そうです。（うーん）		
51	白鳥	もう、テーマとか決まってますか？	研究テーマ	
52	ハク	テーマは、まあま、1年生なので、（うん）そこまでせ、あれー、そこまで決まっていないんですけど、（うん）先週かえって、（うん）せんしゅうかえ、あ、テーマを代えて（あー）1回発表したんですけど。（うー）前よりも、前のテーマよりもできてないっていう感じで、（へえ）また、前のテーマにしよっかなと思ってる時点（あー）ですね。		

　例6-8のように、母語話者の質問と非母語話者の応答という形で進むのが、

接触場面A及びBでは典型的だった。これは、加藤（2006）などが接触場面の特徴としている、母語話者が質問をし、非母語話者がそれに答えるという「質問―応答型」だと考えられる。ただ、例6-8では、母語話者の白鳥は大学院進学を考えており、大学院の授業などに強い関心を持っていた。白鳥が多くの質問を投げかけていたのは、そのためであると考えられる。そこから、「質問―応答型」の話題展開が、必ずしも加藤（2006）の主張するような「言語的リソースを多く持っている母語話者が、会話をリードすることによって、非母語話者の負担を軽減しようというもの」（p.12）ではないことが、示唆される。

6.4.7.「大学生活」話題

大話題カテゴリー「大学生活」は表6-1のとおり、母語場面に多く、接触場面AとBとDに少なかった。以下に、母語場面及び接触場面の、「大学生活」の話題における話し手コーディングの結果を提示する（表6-14、15）。

表6-14　母語場面「大学生活」の話し手の頻度及び割合

会話	話：経験多い母語話者 聞：経験少ない母語話者	話：経験少ない母語話者 聞：経験多い母語話者	話：両者 聞：なし	総計
母語場面	29 (6.0)	187 (38.4)	271 (55.6)	487 (100)

（$\chi^2(2)$=186.0, p<.01）

表6-15　接触場面「大学生活」の話し手の頻度及び割合

会話	話者	話：母語話者 聞：非母語話者	話：非母語話者 聞：母語話者	話：両者 聞：なし	総計
接触場面A	経験多い母語話者 経験多い非母語話者	50**(17.4)	154(53.7)	3**(28.9)	287(100)
接触場面B	経験多い母語話者 経験少ない非母語話者	41(22.8)	96(53.3)	43(23.9)	180(100)
接触場面C	経験少ない母語話者 経験多い非母語話者	147**(51.8)	84**(29.6)	53(18.7)	284(100)
接触場面D	経験少ない母語話者 経験少ない非母語話者	0**(0.0)	192**(94.6)	11**(5.4)	203(100)

（$\chi^2(6)$=265.3, p<.01）

表6-1で有意にターン数が多いと示された母語場面では、表6-14から分かるとおり、両者が話し手として参加していることが多かった。これは「大学生

活」に含まれるサークル活動やアルバイトの話題について、母語話者同士の情報の共通性が高いことを示しているといえよう。そのように情報の共通性が高ければ、両者が話し手となり、その参加形式は対称的になりやすいといえるだろう。

　表6-15では、接触場面Dの非母語話者が単独で話し手となるターン数（192）が際立っている。これは、先の「国事情」及び「大学授業」の結果と、大きく異なる。なぜ「大学生活」の話題で非母語話者が単独の話し手となることが多かったのか見るために、接触場面Dの文字化資料を確認した。その結果、以下に例示するように、接触経験の少ない母語話者が多く質問し、接触経験の少ない非母語話者がそれに答えるという型が、多く観察された。例6-9がその例である。

例6-9　接触経験の少ない母語話者と少ない非母語話者による「大学生活」話題の展開
（接触場面D）

番号	話者	発話内容	小話題	大話題
25	佐藤	へえー。//慣れました？	キュウ生活	キュウ生活
26	キュウ	だいたい、上海とあまり変わらないと。		
27	佐藤	えー。え、そうですか。		
28	キュウ	はい。		
29	佐藤	へえー。ここに、多摩に住んでますか？	キュウ住居	
30	キュウ	えーと、【路線名】利用します。		
31	佐藤	ああ、【路線名】。		
32	キュウ	【路線名】の【駅名】って知って。		
33	佐藤	え、行ったことないです。		
34	キュウ	そう。世田谷区。		
35	佐藤	え、遠い、（遠い）ですよね。		
36	キュウ	ええ、遠い。		
37	佐藤	え、なんで、なんでですか？		
38	キュウ	彼氏は日本に、前から日本にいて、（はい）で、その近くに住んで。		
39	佐藤	ああー、なるほど。		
40	キュウ	これの、部屋が、その彼が住んでいるところの近くに部屋を借りてるんです。		
41	佐藤	え、彼と一緒に住まないの？		
42	キュウ	うん。		
43	佐藤	えー、なんで？		

例6-9では、佐藤がキュウの生活環境について質問し、キュウがそれに答える形で話題が進められている。接触場面Dの他の大話題カテゴリーの展開と比べると、当該話題は「基本情報」話題の延長として話題となることが多かった。その多くの場合、非母語話者になじみのない母語話者が、非母語話者がどのような生活をしているのかについて、質問を重ねていた。接触経験の少ない非母語話者が単独の話し手となり、相手に質問を向けることが少なかった理由としては、やはり「失礼にならないように」という意識が考えられるだろう。

ただし、同じく接触経験の少ない母語話者が参加した接触場面Cでは、接触場面Dと大きく異なる結果が提示された。表6-15からは、接触場面Cで接触経験の少ない母語話者が、単独の話し手になることが非常に多かったことが分かる。接触場面Cから、以下に一つ例を提示する（例6-10）。

例6-10　接触経験の少ない母語話者と多い非母語話者による「大学生活」話題の展開
（接触場面C）

番号	話者	発話内容	小話題	大話題
136	ミン	1人で東京に行ったの？（そうそうそうそう）	松本の住居	松本の住居
137	松本	そうなんですよね。		
138	ミン	あはは、そうですか。		
139	松本	そう。（で、今は）遠いんですよ。		
140	ミン	1人暮らしとか。	一人暮らし	
141	松本	あ、そうです。		
142	ミン	た、たまー？【地名】。		
143	松本	【地名】、【地名】【地名】で。でも、【地名】ってなんもないじゃないですか。		
144	ミン	うん、ま、フレンチレストラン。		
145	松本	あ、フレンチレストラン〈笑い〉確かに。確かに。ふふふふ。うーん、そう。なんか、北海道から東京来るとき、ちょっと緊張して、（うん）めっちゃ都会だろうな（うんうん）と思って。危なくないかなって。でも、【地名】に来て、えっ、畑あるとか、（ははは。ありますか？）へへへ。えっ？　ここ、えっ、畑ある。え、あるよ、なんか、あの辺。なんか、（えっ）近くにある。ほんとほんと。〈笑い〉びっくりした。（へえ）そう、だから、うーん、なんか。	町事情	

146	ミン	大丈夫だったの？〈笑い〉	
147	松本	大丈夫だった、危険じゃなかった。そう、ふふふ。(ふうん)そうそうそうそう。	
148	ミン	すごいですね。どうして、東京に大学行こうと思ってたんですか？(うーん、なんか)北海道とかは(やっぱり)考えてなかったんですか？	上京
149	松本	うん。なんか、東京来たくて。やっぱり、(あー)首都だからね、(あーあーあー)なんか、楽しそうみたいな。(うーん)そう。だから。	
150	ミン	なんか、実際に楽しい、(うん)楽しいですか？	
151	松本	うんうん。ま。	
152	ミン	〈笑い〉【地名】。	
153	松本	【地名】はねー、ちょっとねー、うん。コンビニとか、あはっ、コンビニとか封印して。(うんうんうん)ふふふっ、そう。まあまあ、でも、東京来れて良かった。(ふうーん)多分、ずっと北海道に残ってたら、ずっと東京に行けなかったこと(あー)悔んでたと思うから。うん。	
154	ミン	じゃ、卒業したら東京に？	卒業後

　例6-10では、接触経験の多い非母語話者であるミンが、接触経験の少ない母語話者である松本に対して質問を重ねている。当該話題の展開において、ミンは自らの持つ意見や情報を提供することがなかったため、松本が単独の話し手であるとコーディングした。そして、積極的に質問を重ねるミンは、当該場面で話題展開を主導していると考えられた。母語話者が質問を重ねて非母語話者との会話を主導するというのが、これまで先行研究で主張されてきたことである（加藤2006など）。しかし、本書では表6-13で見たとおり、接触場面Cで母語話者が単独の話し手となり、非母語話者が聞き手となることが多かった。文字化資料を見ると、そのような場合に非母語話者が相づちだけをしていることはほとんどなく、例6-10のように次々と質問している様子を確認することができた。つまり、接触場面Cでは非母語話者が、母語話者との会話を主導していると考えられる。これは、本書で接触経験の多寡により話者を分類し、接触経験の多い非母語話者と、接触経験の少ない母語話者の会話を分析対象としたからこそ、見られた結果かもしれない。つまり、母語話者が相対的に接触

場面に慣れていなかったために、非母語話者が会話を主導する役割を担っていたと、考えられるだろう。

6.4.8.「進路」話題

表6-1に示したとおり、大話題カテゴリー「進路」は、母語場面と接触場面Cに多く、接触場面A及びBに少なかった。以下が、母語場面及び接触場面における「進路」話題の話し手コーディングの結果である（表6-16、17）。

表6-16　母語場面「進路」の話し手の頻度及び割合

会話	話：経験多い母語話者 聞：経験少ない母語話者	話：経験少ない母語話者 聞：経験多い母語話者	話：両者 聞：なし	総計
母語場面	19(7.8)	220(90.2)	5(2.0)	244(100)

$(\chi^2(2)=355.8, p<.01)$

表6-17　接触場面「進路」の話し手の頻度及び割合

会話	話者	話：母語話者 聞：非母語話者	話：非母語話者 聞：母語話者	話：両者 聞：なし	総計
接触場面A	経験多い母語話者 経験多い非母語話者	47(37.0)	39*(30.7)	41(32.3)	127(100)
接触場面B	経験多い母語話者 経験少ない非母語話者	31(27.9)	80**(72.1)	0**(0.0)	111(100)
接触場面C	経験少ない母語話者 経験多い非母語話者	121**(42.9)	77**(27.3)	84(29.8)	282(100)
接触場面D	経験少ない母語話者 経験少ない非母語話者	28**(16.4)	74(43.3)	9**(40.4)	171(100)

$(\chi^2(6)=109.7, p<.01)$

本書は、2015年6月にデータ収集をしており、母語話者については学部3年生及び4年生を対象としている。そのため、就職活動中である者、また就職活動に強い興味を持っている者が含まれており、話題のターン数に偏りが生じたのだと考えられる。また、表6-17から非母語話者の参加の仕方も、接触経験の多い非母語話者と少ない非母語話者で、大きく異なることが分かる。接触経験の多い非母語話者は接触場面AでもCでも、聞き手となることが多く、単独の話し手となることが少なかった。文字化資料からは、あまり多く質問もせず、「進路」という話題自体に消極的な、接触経験の多い非母語話者の様子

が見られた。一方の接触経験の少ない非母語話者は、表 6-17 から、話し手となることが多かったことが分かる。文字化資料を見ると、接触経験の少ない非母語話者が自らの進路の希望や将来の不安について、積極的に話す様子が見られた。例 6-11 にその例を提示する。

例 6-11　接触経験の多い母語話者と少ない非母語話者による「進路」話題の展開
(接触場面 B)

番号	話者	発話内容	小話題	大話題
92	ホウ	うらやなしいなー。(いやー) // やっぱり中国には、(うん) 日本にいるの (うん) 数はおおの、多いので、(あー) 就職するのも難しくて。(そっかー) やっぱり。	中国人の就職	ホウ就職
93	中川	日本語上手な人、いっぱいいるもんね。		
94	ホウ	そうですよー。		
95	中川	うん。え、じゃ、日本で就職したら？		
96	ホウ	日本で就職したい。		
97	中川	うん。そっちの方がいいよ。(うん)〈笑い〉		
98	ホウ	// でも、今は、一番重要なテスト。(あっ) 10 月の。	試験	ホウ院試
99	中川	あ、院。		
100	ホウ	あ、専門は日本語教育なので、(あーそっか) 難しいです。		
101	中川	院試ってこと？ (うんうん) うん。大学院に入るため (そうそう) のテストか。		
102	ホウ	院試院試。(へえ)		
103	中川	何科目ぐらい勉強してるの？	科目	
104	ホウ	いや、自分の専門でいい。(へえ)		
105	中川	日本語教育。		
106	ホウ	難しいんですよ。(へえ)		
107	中川	難しそう。		
108	ホウ	で、語用論とか (あー) 統語論とか、形態論。あーやっぱい。(うっふふふ) ま、めちゃくちゃになってる、最近。	内容	

大学生にとっての「進路」話題が、他の話題よりも相手のプライバシーに深く関わることは、先にも述べた。そのため、母語話者に「進路」話題の導入が

少なかったのは、第5章で見たとおりである。例6-11では非母語話者の進路が話題となっているが、母語話者が当該話題を導入しているわけではないことが分かる。接触経験の少ない非母語話者には、このように、自らの進路を積極的に話題とし、それに関する希望や悩みを話すことが多かった。

6.4.9.「第三者に関する事柄」話題

表6-1に示したとおり、「第三者に関する事柄」は母語場面に多く、全ての接触場面に少なかった大話題カテゴリーである。表6-18と6-19が、各場面の「第三者に関する事柄」話題における、話し手コーディングの結果である。

表6-18 母語場面「第三者に関する事柄」の話し手の頻度及び割合

会話	話:経験多い母語話者 聞:経験少ない母語話者	話:経験少ない母語話者 聞:経験多い母語話者	話:両者 聞:なし	総計
母語場面	0(0.0)	0(0.0)	413(100.0)	413(100)

($\chi^2(2)=826.0, p<.01$)

表6-19 接触場面「第三者に関する事柄」の話し手の頻度及び割合

会話	話者	話:母語話者 聞:非母語話者	話:非母語話者 聞:母語話者	話:両者 聞:なし	総計
接触場面A	経験多い母語話者 経験多い非母語話者	64**(45.7)	40**(28.6)	36*(25.7)	140(100)
接触場面B	経験多い母語話者 経験少ない非母語話者	9**(10.7)	71**(84.5)	4**(4.8)	84(100)
接触場面C	経験少ない母語話者 経験多い非母語話者	45(33.1)	76(55.9)	15**(11.0)	136(100)
接触場面D	経験少ない母語話者 経験少ない非母語話者	3**(6.7)	17(37.8)	25**(55.6)	45(100)

($\chi^2(6)=112.1, p<.01$)

まず表6-18から、母語場面における「第三者に関する事柄」話題の全てで、両者が話し手として参加していたことが分かる。この大話題カテゴリーに含まれた話題は、「共通の友人」や「共通の知人」であり、母語話者間の共通性の高さがターン数の多さに影響したといえよう。母語場面における「第三者に関する事柄」話題の例を、一つ次ページに提示することとする（例6-12）。

例 6-12　接触経験の多い母語話者と少ない母語話者による「第三者に関する事柄」話題の展開（母語場面）

番号	話者	発話内容	小話題	大話題
		〜中略〜		基本情報
13	福田	私も3年生で（はい）、ポルトガル語科です。	福田 学年・学科	
14	古富	あ、よろしくお願いします。// あ、ポルトガル科って、【友人名】知っていますか？	友人	共通の友人
15	福田	あ、知っていますよ。		
16	古富	よう、知り合いで。		
17	福田	あ、そうな、何の知り合いなんですか？		
18	古富	えと、最初は、多分、1年生のときに授業が一緒になって（へー）、そのときに共通の友達がいて、そこで、何か、仲良くなってみたいな。	古富経験	
19	福田	あ、そうなの。		
20	古富	そうなの。		
21	福田	え、なんか、3年生にもなって、まだ初対面の人っているんですねって、今思ったんですけど。		
22	古富	え、全然いますよね。		
23	福田	いるんですね。		
24	古富	全然いますよ、なんか、こんな…。		
25	福田	何か、こんな小さい大学なのにって思いますよね。		
26	古富	狭い、そうですよね。全然いますよね。		
27	福田	うん、そう。		

　例 6-12 は会話の開始直後であり、「基本情報」話題を少し展開した後、ターン番号 14 から「共通の知人」話題が展開されている。話題を展開する中では、お互いが「共通の知人」について知っている知識を共有することで、両者が話し手となっていることが観察された。

　接触場面にはそもそも話題自体が少なかったが、表 6-19 からは母語話者が単独の話し手となるターン数に、場面間の顕著な差が出ていることが分かる。その差とは、つまり、接触経験の多い非母語話者が参加する接触場面 A 及び C において、母語話者のみが話し手となることが多かったことである。した

がって、接触経験の多い非母語話者は聞き手となることが多く、接触経験の少ない非母語話者は話し手となることが多かったといえる。この結果については、先の「進路」と同様である。

6.4.10.「旅行」話題

最後の大話題カテゴリーは、「旅行」である。「旅行」は表6-1に示したとおり、接触場面A及びDに多く、母語場面及び接触場面Bに少なかった。次ページに、母語場面及び接触場面における、「旅行」話題における、話し手コーディングの結果を提示する（表6-20、21）。なお、表6-20では全体の頻度が少なすぎたため、カイ二乗検定を用いることができなかった。

表6-20 母語場面「旅行」の話し手の頻度及び割合

会話	話：経験多い母語話者 聞：経験少ない母語話者	話：経験少ない母語話者 聞：経験多い母語話者	話：両者 聞：なし	総計
母語場面	4(100.0)	0(0.0)	0(0.0)	4(100)

表6-21 接触場面「旅行」の話し手の頻度及び割合

会話	話者	話：母語話者 聞：非母語話者	話：非母語話者 聞：母語話者	話：両者 聞：なし	総計
接触場面A	経験多い母語話者 経験多い非母語話者	0**(0.0)	39**(16.0)	204**(84.0)	243(100)
接触場面B	経験多い母語話者 経験少ない非母語話者	0**(0.0)	52**(58.4)	37**(41.6)	89(100)
接触場面C	経験少ない母語話者 経験多い非母語話者	36**(25.2)	15**(10.5)	92(64.3)	143(100)
接触場面D	経験少ない母語話者 経験少ない非母語話者	71**(51.8)	47**(34.3)	19**(13.9)	137(100)

($\chi^2(6)=299.6, p<.01$)

まず、母語場面に「旅行」話題がほとんどなかったのは、表6-20のとおりである。これは、「国事情」「言語」と同様、「旅行」話題が「日本人／中国人」という話者の社会的カテゴリーを基盤として選択されることが多かったからであると考えられる。表6-21を見ると、接触場面Aでは両者が話し手として話

題に参加することが多かったといえよう。文字化資料からは当該場面で、お互いに「旅行」についての情報を交換する様子が見られた。接触経験の少ない母語話者が参加する接触場面C及びDでは、接触経験の少ない母語話者が単独で話し手となることが多かった。これらの特徴は、表6-1で見た会話全体の特徴とも一致する。接触場面C及びDの文字化資料を見たところ、非母語話者が「日本国内のお勧めの旅行先」を聞き、母語話者がそれに答えるという型が多かった。「旅行」話題の展開例を質的に分析しても、なぜ接触場面C及びDにおいて、このような非対称的な参加形式が続けられたかについては分からなかった。ただ、「日本国内のお勧めの旅行先」のような、どちらかの国に強く依存するような話題の内容が、参加形式が非対称となった一因であると考えられよう。

6.4.11. 話題展開における参加形式分析のまとめ

　まず、「大学授業」「大学生活」「第三者に関する事柄」の話題は、母語場面に多かった。参加形式の分析から、母語場面で「大学生活」と「第三者に関する事柄」の話題を展開するとき、両者が話し手となることが多いのが、明らかになった。これらの話題は、さらに話者間の共通性を高め、心的距離を縮める機能を果たすと考えられる。そして、参加形式が対称的であることによって、その心的距離を縮める機能は一層高まると考えられる。一方、接触場面の参加形式の結果を見てみると、必ずしもそれらの話題で、両者が話し手となっているわけではないことも分かった。例えば6.4.7の例6-9で見たように、接触場面Dにおける「大学生活」の話題では、接触経験の少ない母語話者が接触経験の少ない非母語話者に一方的に質問を続けるという型が、多く見られた。このような一方的な質問と応答が繰り返される、非対称的な参加形式が続くだけでは、話者間の距離が縮まるとは考えにくい。

　次に、「基本情報」「経歴」「言語」「国事情」「旅行」「その他」の話題は、母語場面に有意に少なかった。先行研究では、中国語の母語場面で、より多くプライバシーに関わる話題が取り上げられると指摘されている（趙2014）。本書で作成した10の大話題カテゴリーのうち、特にプライバシーに関わるのは「経歴」と「進路」である。まず「経歴」については、6.4.3でも述べたように、

ほとんどの場合非母語話者が単独の話し手となっており、データ収集時点までの非母語話者の経歴を、母語話者が詳細に聞いていくというパターンが目立った。つまり、「経歴」に関しては、相手のプライバシーにより踏み込んでいたのは、母語話者だったといえる。「進路」については、接触経験の多い非母語話者がその話題に消極的であり聞き手としての相づちが多かったのに対して、少ない非母語話者は話し手として積極的に話題に参加していた。趙（2014）の主張を考え合わせると、接触経験の少ない非母語話者が「進路」という話題に積極的だったのは、中国語母語場面の影響とも考えられよう。つまり、中国語母語場面でプライバシーに関わる話題を取り上げることが多いために、接触経験の少ない非母語話者が、接触場面でも同じようにしたと考えられる。一方の接触経験の多い非母語話者はそれに消極的だったが、それが母語話者との接触経験による変化の結果なのかどうかは、慎重に検討する必要があるだろう。

　「話し手／聞き手」のコーディングにより見えた会話全体の傾向としては、母語話者と非母語話者にかかわらず、接触経験の少ない話者が単独で話し手となることが多かった。そして、両者の接触経験が多い接触場面 A では両者が話し手となることが、両者の接触経験が少ない接触場面 D では母語話者のみが話し手となることが、多かった。母語場面の結果は、接触場面 A と同様、両者が話し手となることが最も多かった。両者がそれぞれの話題に話し手として、対称的に参加することは、話者間の距離の短縮という観点から、有効だと考えられる。そのような対称性の高さは、Linell（1990）も図 6-2 で「親密な者同士の会話」の特徴として、示している。実際に両者が話し手として参加している話題では、多くの盛り上がりが観察された。また、接触場面 A からは、当該話題に関する知識の少ない母語話者が、関連するエピソードを紹介し話し手となることで、両者の参加形式を対称的にする例も提示した（例 6-5）。西條（2005）の言葉を使うならば、ここで接触経験の多い母語話者は、非対称性を「克服」していると考えられる。これは、対称的に会話に参加する一つのストラテジーとして、捉えることができるだろう。

　一方で、非対称的な参加形式が見られた会話、つまりどちらかが単独の話し手となることが多かった会話では、相手の意見を引き出すことや、相手を話し手としてその話題に巻き込むことができていないことが、その非対称性の要因

として考えられる。話題展開において相手に質問することが難しかった理由としては、6.4.2で見たとおり、接触経験の少ない非母語話者の「失礼にならないように」という意識が指摘できた。さらに、失礼さに関わる意識ではなく、日本語能力の低さが原因で質問することができなかったという旨の語りも、同じく接触経験の少ない非母語話者からは聞くことができた。以下がその語りである（語り6-2）。

語り6-2　チン（接触場面B）
　今まで会ってきた日本人みんな、話せる、いっぱい話せますから、なんか、時々、早口でよく分かんないとこも多くて。会話についていけないこともあるので、質問、あんまり質問しないです。

　上記のように「会話についていけないこともある」のを、聞き手となることのできない理由として述べたのは、チンのみだった。上級日本語学習者は基本的には、相手の言っていることを聞き、会話を保持することには問題がないと考えられる。しかし、チンの述べているように、相手が早口である場合などは、会話についていくことが難しいこともあるだろう。チンは、これまで会ってきた母語話者に「いっぱい話す」者が多かったために、自ら相手に質問して会話を主導することには、慣れていないということだった。これは、日本語能力の問題であるとともに、母語話者との相互作用とも深く関わる問題である。また、同じく母語話者との相互作用に起因する、話題の展開にあたり質問することがなかった理由として、以下のような語りも聞かれた（語り6-3）。以下のリョウは、語り6-2のチンと同じく、接触経験の少ない非母語話者である。

語り6-3　リョウ（接触場面B）
リョウ：向こうがすごい頑張っていろんな話題を出してきて、質問してきて、何か悪いなとは思っていました。こっちからはなかなか質問できなかったから。
著者：質問できなかったのはどうしてですか？
リョウ：多分向こうがすごく助けてくれて、ちょっとだけ沈黙あったらすぐ平

山さんが出してくれたから。優しかったです。

　上の語りからは、接触経験の多い母語話者である平山が積極的に質問していたために、リョウに質問する隙がなかったことがうかがえる。話し手と聞き手のどちらとして話題に参加するのかということには、個人のスタイルも大きく関わる。ただ、両者が聞き手として参加することは双方向的な自己開示にもつながりやすく、初対面会話において話者間の心的距離を短縮するのに、重要であると考えられる。そのため、非母語話者が聞き手として質問することが「難しい」と感じているならば、それを解消するような方法を、日本語教育の枠組みから考えていくべきだろう。また、語り 6-3 で提示したように、母語話者による積極的な質問により非母語話者が質問できていないのであれば、母語話者が質問しやすい雰囲気を作ることが、有効かもしれない。質問することは話題の展開を決めることにもなるので、非母語話者もそれができることが、望ましいといえる。

　また、母語話者が質問をして、非母語話者がそれに答えるという非対称的な参加形式については、加藤（2006）により「言語的リソースを多く持っている母語話者が、会話をリードすることによって、非母語話者の負担を軽減しようというもの」とも指摘されている（p.12）。実際、特に接触経験の多い母語話者が、会話を主導するために聞き手となっている様子も、観察することができた。ただ、接触経験の少ない母語話者と多い非母語話者による接触場面Cでは、例 6-10 で見たように、先行研究の指摘とは反対に、非母語話者が質問をして母語話者がそれに答えるという、非対称的な参加形式を確認することができた。これは、接触経験の少ない母語話者と多い非母語話者という、これまで分析対象とされてこなかった組み合わせの会話を、分析対象としたために見られた結果だと考えられる。非母語話者も場合によって接触場面の会話を主導することもあることを示せたことは、双方向的な協働の必要性を主張する共生日本語の観点からも、意義深いといえるだろう。

6.5 話題展開における話者の社会的カテゴリーについての結果

本節では、場面ごとにそれぞれの話題がどのように展開されていたのか、どのような関係性がそこで強調されていたのかについて、具体的に見ていくこととする。なお、関係性の強調については、6.2でも述べたように、必ずしも全ての話題展開において、話者が志向する関係性が明らかになるわけではない。そのため、結果を量的に処理することはできないことを、ここに付記しておく。以下では、質的に全会話の話題展開を分析した上で、各場面に特徴的だったと考えられる談話例を提示しながら、分析を進めることとする。ただ、そのような特徴的な例とは異なる話題展開も、各場面には見られたことに注意されたい。

6.5.1. 母語場面における話題展開

話題が展開される中で、特に母語場面で強調されていたのが「同じ大学の学生同士」という関係性である。母語場面に有意に多かった話題は「大学授業」「大学生活」「進路」「第三者に関する事柄」であるが、「進路」以外の三つの話題が展開する中では、「同じ大学の学生同士」という関係性が強調されていたと考えられた。以下に一つ、「大学生活」と「大学授業」話題の展開例を、示すこととする（例6-13）。

例6-13 接触経験の多い母語話者と少ない母語話者による「大学生活」及び「大学授業」話題の展開（母語場面）

番号	話者	発話内容	小話題	大話題
		〜中略〜		大学の変化
78	中川	ですよね。あとなんか、生協のあの、（あー）レジの感じとかも、ちょっと変わってて、あたしが（そう）帰って来たとき。（あ、変わって）やっぱり。	生協	
79	八代	ました。（うん）		
80	中川	それでー、なんか、「袋ください」とか言っちゃって。レジで。〈笑い〉		
81	八代	うーん、そっ、もらえなくなってるんでー。（うん）		
82	中川	あ、なんで、なんか、あたし、（うんうん）いくつか買ったのに、（うん）袋に入れてもらえなかった		

		んだろう（うん）って思って。そしたら、あ、なんか、外で、（うん）なんか、「自分でお取りください」（あ）みたいなこと言われて。	
83	八代	外でとれるんですか？	
84	中川	うん。	
85	八代	知らな（なんか）かった。	
86	中川	あのー。生協の外に通じる出入口の方（あー）じゃなくって、（うん）和室の方の（あー）出口から出て。	
87	八代	あっちの奥の方。	
88	中川	すぐ右手に電子レンジあるじゃないですか。	
89	八代	うん。	
90	中川	その隣に、なんか、袋がいっぱい（あ）かかってて。	
91	八代	あるんだ。（うん）あー、知らずに、なんかもう、（<笑い>）袋はもらえなくなったんだってあきらめて、（ねえ）へ、帰って（うん）ました。	
92	中川	そう。そこで、結構、うん、とれます。うん。	
93	八代	// え、ゼミとかって、（あ）も、入ってます？	中川のゼミ
94	中川	入ってます。【講師名】先生のゼミ（あーあ）入ってます。	
95	八代	隣。	
96	中川	え、ほんとに？	
97	八代	で、隣の【講師名】ゼミ。	八代のゼミ
98	中川	あ、えー、そうなんだ。	
99	八代	そうなんですよ。	
100	中川	総合文化。	
101	八代	総合文化。	
102	中川	あ、そうなんだ。（あー）じゃ、え、むちゃくちゃ近いじゃない（近いですね）ですか、なんか。	2人の接点

　例6-13では、前半のターン番号92までは「大学生活」カテゴリーに含まれる「大学の変化」という大話題が展開しており、93以降は「大学授業」カテゴリーに含まれる「ゼミ」という大話題が展開している。前者では大学生協のシステムの変化について話されており、「同じ大学に通っている者同士」、特にその変化が共有できるほど「長く同じ大学にいる者同士」という関係性が、話

題が展開する中で強調されていると考えられる。そして、そのような関係性を強調しながら、システム変更に関わる戸惑いなどを共有することで、友好的な関係を築いていると考えられた。例6-13の後半における「ゼミ」話題の展開についても、同じことがいえる。ただ、母語場面では学年差が言及されることも多く、そのような場合には「3年生／4年生」という非対称的な関係性が、強調されることもあった。以下にその例を提示する（例6-14）。

例6-14　接触経験の多い母語話者と少ない母語話者による「大学生活」話題の展開
（母語場面）

番号	話者	発話内容	小話題	大話題
11	大木	尻切れトンボで。(うんうん) // 今、りゅ、え、普段どのぐらい、今、学校来られてるんですか？	望田の授業	望田の生活
12	望田	えっとね、月金全休だから、火水木だけ。(ああ) うん。		
13	大木	結構入ってるって感じです？4年生。		
14	望田	そんなことない。でも、月金全休で、結構、で、火水木も一日2個ぐらいしかないから授業が。(ああ) もう全然もう。		
15	大木	ああ、そうなんですね。		
16	望田	逆にもっと入れてよかったかなみたいな。(へー) なんか、つまんないの、本当に。(へー) なんか、バイトも、なんか、不定期だから、不定期っていうか、もう夏、集中に夏あって、冬にあってだから、ずっと定期的になくて。(ああ、そうですか、はい) だから、それまで土日も超暇で、もう。(へー) 学校の図書館に来てました、無駄に、なんか。ゼミのやったりとか。	アルバイト	

　上の例を見ると、学部3年生の大木が4年生の望田に対して、どのような学生生活を送っているのか、質問をしている。望田には「4年生として何かを教える」という意識はなかったようだが、大木からは「いい機会なんで、色々聞いちゃおうと思いました」という語りが、フォローアップインタビューで聞かれた。ただ、このような「3年生／4年生」という関係性も、より詳しくは「同じ大学に通う3年生と4年生」であるといえ、やはりある程度の共通性は前提とされていると考えられた。「○○同士」という同質の関係性を基盤とした非

対称的な関係性の成立については、ジャロンウィットカジョーン・加藤（2010）でも観察されている。その基盤に共通点が認められることから、その「3年生／4年生」という非対称的な関係が、決して二項対立的な構図（ジャロンウィットカジョーン・加藤 2010）を意味するものではないと、いえるだろう。

以上のように母語場面には、同質の関係性を基盤としながら、共通点を探したり相違点を伝えあったりする様子が、非常に多く確認できた。

6.5.2. 接触場面Aにおける話題展開

接触場面Aに有意に多かった話題は「経歴」「国事情」「旅行」である。「国事情」話題が「日本人と中国人」という関係性に基づいて導入されることは、先にも述べた。ただ、6.4.5の例6-7でも見たように、接触場面Aには、お互いの国の事情や第三国の事情について、自らの知っている情報や意見をお互いに交換する場面が多く見られた。そのような場面を観察すると、必ずしもその話題展開が、「日本事情に精通している日本人／中国事情に精通している中国人」という関係性を強調しているのではないことが、示唆された。以下に改めて、一つの例を提示する（例6-15）。

例6-15　接触経験の多い母語話者と多い非母語話者による「国事情」話題の展開
（接触場面A）

番号	話者	発話内容	小話題	大話題
246	中川	//わたしのね、中国人の友達で、(うん)なんか、その子はいつもお化粧してなかったのね。	中川の中国人友人	中国と日本の化粧
247	トク	あー。		
248	中川	うん。で、眉毛とかも、そんな剃ったりとかしてない感じかな。		
249	トク	ん？　なっなんですか？		
250	中川	眉毛も（眉毛も）剃ったりしないで、(あー)ま、ここはね、もちろん剃ってるけど、(はい)なんか、全然いじってないの。(うーん)で、マニキュアとかは時々してたのね。(あー)で、「なんで化粧しないの？」って聞いたら、なんか、自分の「彼氏が、化粧しないでっていうから、しないんだ」って (あー)言ってたの	中国の化粧	

		ね。(あー) 何か中国にはそういう子たちが結構いるのかなって思ったんですけど。	
251	トク	ああ、そうですね。結構(うん)、います。	
252	中川	ああ、そうなんだ。	
253	トク	結構います。	
254	中川	すっぴんの方がいいってこと?	
255	トク	でも何か、大学に入ると違います。	
256	中川	ああ、そうなんだ〈笑い〉。	
257	トク	うん、大学に入る前に多分、1年生(うん)、ほんとに私大学にいたとき、何か見かけだけで分かる。この人何年生なのか。	中国の大学生
258	中川	あーーー。	
259	トク	〈笑い〉ちょっと、高校、高校の勉強はきつい、きついじゃないですか。	
260	中川	うん。	
261	トク	だからみんな時間がなくて、その、そのままみんな大学に入って、1年生のとき何もしなくて(うん)、でも段々段々周りの人見て(うん)、先輩たち(うん)、2年生から多分変わるかもしれない。	
262	中川	あ、なるほどね。そうか。	
263	トク	段々化粧し始めて。	
264	中川	段々濃くなってく〈笑い〉。	
265	トク	うんうんうんうん。〈笑い〉	
266	中川	そうなんだ。	
267	トク	うん、そういう傾向。	
268	中川	ふーん。日本の大学は結構分からないね。1年生でも、もう完璧にお化粧してる子とかいるし。	日本の大学生
269	トク	でも何か、この前ニュース見てて(うん)、日本では小学生も何か、これ、書くことできますね。	日本の小学生

　例6-15では、接触経験の多い母語話者である中川が、自身の「中国人の友達」を紹介することから話題を導入し、自らの知っている「中国人の化粧」に関する知識を提供することで、その話題の展開に寄与している。また、268から、話題が日本の化粧事情に展開した際も、接触経験の多い非母語話者が269で自身の知っている知識を提供していることが分かる。このように、接触場面

Aには、日本と中国に関する事情の話題を展開しながら、必ずしも「日本事情に精通している日本人／中国事情に精通している中国人」という関係性を強調しているわけではない様子が、確認できた。

「国事情」と同じく有意に多かった「旅行」話題についても、他の接触場面では、日本のお薦めの観光地を母語話者が教えるという展開などで、「日本事情に精通している日本人／そうではない中国人」という関係性が強調されていることが多かった。しかし、接触場面Aでは、「旅行」話題の展開の中で、お互いに知っている事情について話し合うという場面が多かった。下に一つ、例を提示する（例 6-16）。

例 6-16　接触経験の多い母語話者と多い非母語話者による「旅行」話題の展開
（接触場面 A）

番号	話者	発話内容	小話題	大話題
128	ブン	そう。// なんか、うん、中国行ったことある？ない？	和木の訪中	旅行
129	和木	中国はないんです。		
130	ブン	ない、うん。		
131	和木	あと（うん）、そんなにわたし、なんか、韓国は一度だけ行ったことあって。	ブンの訪韓	
132	ブン	あ、わたしも 1 回行った。	和木の訪韓	
133	和木	本当？		
134	ブン	どこ、どこ行ったんですか？		
135	和木	普通に多分、ソウルに。		
136	ブン	ああ。		
137	和木	観光じゃなくって、（うん）わたしが小学生のときに父親がずっと韓国で働いてて、（ああ）1 回会いに（ああ）行って（ああ）、ちょっと会って帰ったみたいな感じで、あんまり覚えてないんですけど。中国はまだ行ったこと（〈笑い〉）なくて。		
138	ブン	わたし、なんか、何年、3 年前、あ、何年前、3 年、3 年前か、なんか、うん、学会で釜山、釜山行って。	ブンの訪韓	

例 6-16 では、非母語話者であるブンが和木に訪中経験を質問することから、話題が始まっている。他の場面では一度訪中の話題が出た後に、非母語話者か

ら母語話者へのアドバイス（訪問地や食事など）が続くことが多かった。しかし、例6-16では、訪中の話題はすぐに立ち消え、お互いに訪問した経験のある韓国の話題に展開していた。例6-16の後も和木とブンは韓国についての話題を進め、お互いに知っている情報や経験について、話していた。このように、接触場面Aの「旅行」話題の展開では、どちらかが知っている話題に固執するのではなく、お互いが共有しているような知識または経験について話されていることが多かった。そのため、話題の展開を通して、「日本事情に精通している日本人／そうではない中国人」などの非対称的な関係性が強調されているのではなく、「国事情や地域事情に興味を持つ者同士」という関係性が強調されていたと考えられた。接触場面Aに、「国事情」及び「旅行」のターン数が有意に多かったのも、両者が情報や意見を出し合っていたからだと考えられよう。そのような両者の態度は、6.4で提示した参加形式の結果にも、表れていたといえる。また、表6-1で提示した大話題カテゴリーごとの総ターン数だけでなく、「国事情」及び「旅行」の平均ターン数も、接触場面Aが他の場面よりも多かった[6]。

　他の大話題カテゴリーにおいても、接触場面Aでは多くの共通点が強調されていることが、確認された。次ページに示すのは、「大学授業」カテゴリーに含まれる「福田の留学」話題と、「大学生活」カテゴリーに含まれる「学生生活」話題の展開例である（例6-17）。

　母語話者の福田は例6-17の中でも述べているように学部3年生であり、非母語話者のリュウは大学院生である。後で提示することとするが、他の場面ではこのように学年の話になった際に、「学部生／大学院生」という非対称的な関係を強調しながら、その相違点について話すことがあった。しかし、例6-17を見て分かるとおり、ターン番号244でリュウは「忙しい時期よね」と

---

[6]「国事情」話題の平均ターン数は、母語場面が24.7（話題数は3）、接触場面Aが26.9（話題数は14）、接触場面Bが15.8（話題数は12）、接触場面Cが21.7（話題数は11）、接触場面Dが15.6（話題数は9）だった。「旅行」話題の平均ターン数は、母語場面が1（話題数は4）、接触場面Aが27.0（話題数は9）、接触場面Bが14.8（話題数は6）、接触場面Cが13.0（話題数は11）、接触場面Dが17.1（話題数は8）だった。

例6-17 接触経験の多い母語話者と多い非母語話者による「大学授業」及び「大学生活」
話題の展開（接触場面A）

番号	話者	発話内容	小話題	大話題
240	リュウ	うん？//向こうも、あの、留学行きましたか？	福田の留学	福田の留学
241	福田	これから行くと思います。		
242	リュウ	大学3年生。	学年	
243	福田	大学3年生（ふーん）、まだまだ。		
244	リュウ	でも、忙しい時期よね。		
245	福田	そうです、いや、まだぎりぎり大丈夫かな。（あー）4年生になったら、もう、就活が、だから、3年生の終わりからは忙しいと思うんですけど。	就職活動	
246	リュウ	ですね。//前も、あの、学部生から聞いて（ええ）、今、あの、まい、毎日何時間ね、ねむ（あーあーあーあー）、でも、あれは、大体みじ、短いでしょう、睡眠時間は。	福田の生活	学生生活
247	福田	そうですよね、らしいですよね。		
248	リュウ	でしょう。		
249	福田	嫌だ。		
250	リュウ	私もいつも、何か、かえ、何が変えれる…	リュウの生活	
251	福田	あ、大変なんですね。		
252	リュウ	そう。みんなも一緒です、一緒です、大丈夫大丈夫と。		
253	福田	学生も忙しいですよね、なかなか。		

いうように、相手の忙しさに理解を示している。さらに、252で「みんなも一緒です」と述べることで、両者が忙しさを共有していることを強調している。そのような話題展開を通し、「学部生／大学院生」という非対称的な関係ではなく、「学生同士」という同質の関係性が強調されていることは、253の母語話者の発話からもうかがえる。「社会人」と対比される「学生」として、両者を位置付けながら、話題はこの後「学生と社会人」に移っていった。

　以上が接触場面Aにおける、話題展開についてである。見てきたように、接触場面Aでは「国事情」及び「旅行」話題の展開において、「日本事情に精通している日本人／そうではない中国人」という国籍に基づく関係性が、必ずしも強調されていたわけではなかった。その代わりに強調されていたのは、「国

事情や地域事情に興味を持つ者同士」という関係性だったと考えられた。また、他の大話題カテゴリーの展開においても、「学生同士」などの同質の関係性が強調されていることが多かったのが、接触場面Aの特徴だった。

6.5.3. 接触場面Bにおける話題展開

　接触経験の多い母語話者と少ない非母語話者間の接触場面Bに有意に多かったのは、「基本情報」「大学授業」「その他」である。「大学授業」については、先の例6-13に、母語場面における展開の様子を提示し、母語話者同士が「同じ大学に通っている者同士」という関係性を強調しながら、多くの共通点を確認する様子を見た。また、例6-14では、母語場面で同質の関係性を基盤としながら「先輩／後輩」という非対称的な関係が強調されている例も、提示した。接触場面Bでも同様の例が観察されたので、次ページに提示することとする（例6-18）。

　例6-18では、大学院進学を考えている白鳥が、大学院修士1年生のハクに対して、ゼミや研究テーマについて質問している。ハクが一つ一つの質問に丁寧に答えている様子が、それぞれの発話の長さからも読み取れる。ここで両者は、母語場面の例6-14と同様に、「先輩／後輩」として主に先輩が情報提供を行っていると考えられた。ただ、大学院進学を考えており、ハクの指導教官についても知っていた白鳥は、ターン番号47や49で両者に共通していると考えられる情報を提示しながら、その共通性を確認している。接触場面Bの「大学授業」話題には他にも、中国への留学を控えていた三島と平山に対して、非母語話者がアドバイスをする様子が見られた。それについても、例6-18と同様に、基本的には非母語話者が話し手としてアドバイスを送っていた一方で、話題展開の中で多くの共通性が確認されていた。接触場面Bで非母語話者が話し手となることが多かったことは、6.4.6の表6-13で提示した結果とも、一致する。

例 6-18　接触経験の多い母語話者と少ない非母語話者による「大学授業」話題の展開
（接触場面 B（再掲））

番号	話者	発話内容	小話題	大話題
45	白鳥	//日本語教育、え、ゼミ、誰ですか？	指導教員	ハクのゼミ
46	ハク	あ、【講師名】ゼミです。【講師名】ゼミで。		
47	白鳥	大変ですね。（あっはは）「大変」と、（だと、ふふふ）噂はかねがね。		
48	ハク	でも、すごく良い方。（うー）すごく。1回授業を受けただけで、もう、すごく勉強になるので、（ほおー）すごく、えん、運がよ、（あー、あっ）良いと思います。（ほんとですか？）		
49	白鳥	あの、ポライトネス。		
50	ハク	そうです。（うーん）		
51	白鳥	もう、テーマとか決まってますか？	研究テーマ	
52	ハク	テーマは、まあま、1年生なので、（うん）そこまでせ、あれー、そこまで決まっていないんですけど、（うん）先週かえって、（うん）せんしゅうかえ、あ、テーマを代えて（あー）1回発表したんですけど。（うー）前よりも、前のテーマよりもできてないっていう感じで、（へえ）また、前のテーマにしよっかなと思ってる時点（あー）ですね。		

　また、他の大話題カテゴリーの展開でも、接触場面 A や例 6-18 と同様に、同質の関係性が強調されていることが多く確認された。例えば例 6-19 は、「旅行」話題の展開例である。

　例 6-19 は、「コウの中国旅行」という話題の展開例である。三島は中国への滞在経験があり、北京にも上海にも複数回行ったことがある。ここで、三島は「北京行ったことありますか？」「上海あります？」という質問をコウに投げかけ共通点を見つけることで、「同じ都市に滞在したことがある者同士」として、話題を展開しようとしていると考えられる。結果として、コウが一度上海に行ったことがあるのが分かり、159 以降では二人で共有している上海料理について、話題が展開していた。

例 6-19　接触経験の多い母語話者と少ない非母語話者による「旅行」話題の展開
（接触場面 B）

番号	話者	発話内容	小話題	大話題
151	三島	ええー。// え、北京行ったことありますか？	北京滞在経験	コウの中国旅行
152	コウ	あ、あります。		
153	三島	あるんですか？		
154	コウ	でも、子どものとき。		
155	三島	ああ。え、上海あります？	上海滞在経験	
156	コウ	上海も行ったことがあります。		
157	三島	え、すごい。		
158	コウ	えっとー、上海、そして、あ、私の、なんか、一緒に大学の友だちは、もともと四川の人、(うーん) でも上海で (大学。仕事) 仕事、と、はい、大学は四川。でも、なんか、ほかの、ほかの町、なんかもっと大きな国際みたいな町に行きたいから、(ああ) はい、そして上海に行って、はい、今、はい、仕事をやって、今、上海で暮らしてます。(へえー) そして私、あの、友だち、なんか、あ、一緒になんか遊び、見に、一緒に会って遊び、そして、はい、上海に行きました。(ええー) まあ、上海も、なんかすごい。		
159	三島	上海 3 回行ってて。		

　以上見てきたように、接触場面 B においても母語場面及び接触場面 A と同様に、同質の関係性が強調されている様子が多く観察された。しかし、母語場面及び接触場面 A との相違点として、接触場面 B では例 6-18 や例 6-19 のように、ほとんどの場合で母語話者が両者の共通点を指摘し、同質の関係性を強調していたことが挙げられる。一方、接触経験の少ない非母語話者には、非対称的な関係を前提としていると考えられる話題展開の様子も、観察することができた。例 6-20 がその例である。

　例 6-20 では「平山の留学」という話題が展開しているが、特に両者の共通性は確認されず、非母語話者であるリョウが一方的にアドバイスを伝えるだけで、話題が終わっていた。ターン番号 52 や 54 の発話内容からは、リョウが「北

例6-20　接触経験の多い母語話者と少ない非母語話者による「大学授業」話題の展開
(接触場面B)

番号	話者	発話内容	小話題	大話題
45	平山	//何か、今年の夏は、でも、ショートビジットで(うん)ちょっと行こうかなって。	平山の留学	平山の留学
46	リョウ	あ、中国も？		
47	平山	そう。北京で。語言大？【大学名】っていうところで。	大学	
48	リョウ	1ヶ月？	期間	
49	平山	1ヶ月半ぐらい。(ふーん)行こっかなって思ってて。		
50	リョウ	な、夏のときに？ それとも冬のとき？	季節	
51	平山	そう、夏のとき。		
52	リョウ	あー、やっぱり。		
53	平山	うん。<笑い>		
54	リョウ	ふ、冬のとき、寒いよ。	気候	
55	平山	あ、そうなんだ。		

京の事情に精通している者」として話題を展開していることがうかがる。平山に中国滞在経験を確認したところ、平山は冬の北京に滞在したことがあり、その寒さも知っていた。なぜその寒さを知っている旨を発言しなかったのかについては、明確な答えは得られなかったが、それはリュウが自身を「北京の事情に精通する者」と位置付けながら、平山を「北京の事情を知らない者」と位置付けたからだと、推察できよう。つまり、非母語話者による「北京の事情を知らない者」に対する相手の親切なアドバイスに対して、わざわざその想定を否定するような発言(「知っています、寒いですよね」など)を控えたのではないだろうか。接触場面Bの非母語話者は接触経験の少ない者であり、これまで母語話者と雑談した経験が少ない。そのため、これまで話したことのある限られた母語話者の中には、中国事情に詳しい者がいなかった可能性も考えられる。そうであれば、接触経験の少ない非母語話者が相手を「中国(北京)事情を知らない者」と位置付けることが多かったのは、多様な母語話者と話したことのない、接触経験の少なさに起因するとも考えられよう。

　以上が接触場面Bについてである。話題展開の中で、母語話者の発話をきっ

かけとして同質の関係性が強調されることが多いこと、一方で非母語話者には、固定的で非対称的な関係を想定して話題展開する者もいることを、指摘した。

6.5.4. 接触場面Cにおける話題展開

接触場面Cに有意に多かったのは、「基本情報」「国事情」「進路」の三つの話題カテゴリーである。「国事情」話題については、接触場面Aからの例6-15を見ながら、当該場面で「日本事情に精通している日本人／中国事情に精通している中国人」という関係性が、必ずしも強調されているわけではないことを指摘した。それは、両者が「相手国の事情を知らない者」として振る舞うのではなく、自らの知っている相手国の情報を積極的に提供していたためだった。接触場面Cの「国事情」話題の展開を分析したところ、接触経験の少ない母語話者の振る舞いに、接触場面Aの接触経験の多い母語話者との違いが確認された。例6-21がその例である。

例6-21 接触経験の少ない母語話者と多い非母語話者による「国事情」話題の展開
(接触場面C)

番号	話者	発話内容	小話題	大話題
142	ムウ	うーん。// 日本のお米っておいしいですね。	日本の米	日本の食事
143	佐藤	え、そうですか。		
144	ムウ	はい。(えー、だって) おいしいし、違いますね。		
145	佐藤	中国と？		
146	ムウ	うん。大学のときに、(はい) なんか、日本で結構なんか留学したことある先生から言われたんですけど、中国のお米って、なんかふんでも一緒に洗わないって。(へえ) 日本のお米って、すごいなんかね、なんていうんですか、すごいなんか、うーん、ちょっと表現できないですけど、(うーん) なんかすごい、ゲン、なんていうんですか、もう普通に食べてておいしいと思うんですけど。		
147	佐藤	へえー。(はい) なんか日本人、(はい) 食べるのがすごくみんな好きで、(はい、好きです、すごい) だから食べ物に、(はい) こだわりというか。		
148	ムウ	こだわってて、しかもなんか、料理とかがすごいきれいですね。		

149	佐藤	ああ、盛り付けとかが。	
150	ムウ	はい、盛り付けとかがすごいこだわってるので、はい。// うーん、中国だと、私の、(はい) なんか実家とかのところは、やっぱり料理がちょっと油っぽいですね。(うーん) そして、なんか塩分が結構入ってる (ああ) 感じなんで。うん。	中華料理　中華料理
151	佐藤	なんか料理の味も、(はい) 中国は違いが (はい) ある…？	地方差
152	ムウ	違いがあります。やっぱ北と (北京) 南で分かれてるんですけど。(ああ) 私、個人的な意見かもしらないですが、北の方が結構、なんかしょっぱくて辛いものが好きなんですけど、南の方がやっぱり甘い、(へえ) うーん。	

　例6-21では接触経験の少ない佐藤と多いムウが、まず「日本の食事」という話題を展開している。「日本の食事」は日本事情であるが、ムウが積極的に自身の体験や知識を提供していることが、見て取れる。これは接触場面Aと同じである。話題は次に「中華料理」に移るが、ここではムウが中国事情について話し話題を展開させるばかりで、佐藤はほとんど体験や知識を提供することがなかった。そのため、接触場面Aには見られなかった「中国事情に精通している中国人／そうではない日本人」という関係性が、この話題展開を通じて強調されているように考えられた。

　もう一つ有意に多かった「進路」話題については、両者が就職活動をしているペアはなく、就職活動をしている話者がもう一方に、その状況などを伝えるという話題展開が多かった。ただ、そのような場合でも、例えば例6-22のように、接触経験の多い非母語話者が積極的に相手との共通点を強調する場面が見られた。

　例6-22を見ると、ターン番号103から始まる「原島の就職活動」話題内では、原島が自らの就職活動の状況について話しており、非母語話者のカイは主に聞き手に回っている。ただ、その展開の中で、共通点となりそうな事柄（スーパーでのアルバイト経験）を探し、123でその話題を導入している。このように、接触経験の多い非母語話者には、接触場面Aでも見たように、話題を展開しながら自らが情報提供できるようなことを探したり、相手との共通点を積極的

に強調しようとしたりする様子が、観察できた。この後、2人はスーパーのアルバイトについて多くの共通点を確認しながら、「スーパーでアルバイトをしている者同士」という同質の関係性を強調したと考えられた。

例 6-22 接触経験の少ない母語話者と多い非母語話者による「進路」話題の展開
(接触場面 C)

番号	話者	発話内容	小話題	大話題
103	カイ	ふーん。(〈笑い〉) // 何か、就職、どの、あの、どの企業、業界？ 今。あのー。	原島の進路	原島の就職活動
104	原島	何か、えっと、まあ、銀行とか、あとー、しゅ、何。食品メーカーとか。		
105	カイ	メーカー。はい。		
106	原島	見てるんですけど。で、何か、最初は食品メーカーの営業がいいなと思ってたんですけど、でも、そのー、食品メーカーの営業の仕事を知って。例えばですね。	営業	
107	カイ	おー〈笑い〉		
108	原島	スーパーとかで。		
109	カイ	あー、分かりました。		
110	原島	に、あのー。		
111	カイ	あ、あ、転勤に。やっぱり転勤じゃなくて、最初の、何か、最初の何年間、何か、スーパーで、(あ)あ、何か。		
112	原島	スーパーで働くことはないんですけど、スーパーに物を売らなきゃいけないじゃないですか。(うん、うん) メーカーの人が。で、そのために、まあ、スーパーの人と、あのー、価格の (うん、うん、うん) 取り決めっていうのかな。価格の相談？	スーパー	
113	カイ	価格、分かります。		
114	原島	とかしたりとか。あと、売り場を、(うん) こう、見て。		
115	カイ	うん。		
116	原島	「もっとこうしたら売れるんじゃないか」とか。		
117	カイ	あ、じゃあ意見とか出したり？		
118	原島	そう。(うん) 何か、そういうことをするんですけど。自分のとこの商品を (〈笑い〉) たくさん売るために。でも、「それをやりたいんですか？」って、キャリアカウンセラーに	キャリアカウンセラー	

		（あー）言われて、（はい）「うーん。それがやりたいのか、ちょっとよく分かんないな」ってなってて、（はい）今、困ってます。		
119	カイ	はい〈笑い〉やってみないと分からないですよね。それに心配とか。		
120	原島	うーん。でも、何か、ずっとそれをやるのは、ちょっと。		
121	カイ	つまらない？〈笑い〉		
122	原島	つま、つまんないし、きついかもと思って〈笑い〉		
123	カイ	うん、うん、うん。//今、バイトは、あのー、スーパーでバイトしてます。	カイのアルバイト	カイのアルバイト
124	原島	//あ、私も。	原島のアルバイト	原島のアルバイト
125	カイ	え、あ、何て？え、どこですか？	場所	

　以上が接触場面Cについてである。接触場面Cの接触経験の多い非母語話者には、接触場面Bの接触経験の多い母語話者と同様の特徴が見られた。それはつまり、自らの持っている情報や意見を積極的に出しながら、相手との共通点を探り、それを強調しようとする様子である。

6.5.5. 接触場面Dにおける話題展開

　最後に、接触場面Dの話題展開について、見ていきたい。接触場面Dに有意に多かったのは、「基本情報」「言語」「旅行」「その他」の四つである。接触場面Dの「言語」話題の展開においては、「母語話者／非母語話者」という関係性が強調されていると考えられる場面が観察された。例えば5.4で例5-2として提示した例が、そのような場面である。以下にその展開の様子も含めて、

例6-23　接触経験の少ない母語話者と少ない非母語話者による「基本情報」及び「言語」話題の展開（接触場面D-5）

番号	話者	発話内容	小話題	大話題
1	コウ	//私、【コウ姓名】と申します。	コウ姓名	姓名

2	内之倉	コウさん。		
3	コウ	はい。え。		
4	内之倉	【内之倉姓名】です。	内之倉姓名	
5	コウ	はい、内之倉さんですね。(はい) はい。// この苗字は珍しいですか？	日本人の姓名	日本語と中国語の漢字
6	内之倉	いや、珍しくはないと思います。結構あります。		
7	コウ	はい。// なんか日本人の苗字とか、(はい) えっと、ば、場所の名前とか、駅、あの、例えば地下、え、でし、え、地下鉄とか電車とか、その駅の名前とか、(うん) なんか、そういう、いうなんか、特別な (うん) 読み方です。なんか。	漢字の読み方	
8	内之倉	ああー、珍しい読み方。		
9	コウ	うん、そう、そうです。		
10	内之倉	ありますね。		
11	コウ	例えば私、最初は、例えばミタ、あー、ミタ、例えばこの漢字は、(うん) あ、う、ウチですよね。でも、ナイ。(ああ、ナイ) ナイ、な、内容の、内容のも、発音ありますよね (あります、あります)。でも、例えばそのとき、え、うー、ウチとか、内容のナイとか、(うん) どっちの発音ですかって、(うーん) 私分かんない。(ああーそっか。そうですね) そして、なんか上ですよね。上、なんか、カミの (うん) 発音もあるですよね。(ああー、はいはいはいはい) でも、どうしてここでウエの発音を使ってる、使いますかって、どしけ、ど、ど、あ、はい、どうしてこっちはカミの発音ですかって、私、分かんない。		

再掲する（例6-23）。

　話題の導入場面としても提示したが、その展開の仕方を見ても、やはり当該話題の展開を通して話者間の「母語話者と非母語話者」という関係性が強調されていると考えられた。また、上の例では非母語話者が積極的に話題を展開し、相手を「母語話者」として捉えながら、日本語学習に関する質問を投げかけている。一方で、接触経験の少ない母語話者についても、相手を「非母語話者」として捉えて話題を展開している様子が確認された。例6-24を見てみよう。

例 6-24　接触経験の少ない母語話者と少ない非母語話者による「言語」話題の展開
（接触場面 D）

番号	話者	発話内容	小話題	大話題
83	若菜	//日本語の勉、そうか、日本語の勉強してるんですよね。	チンの日本語	チンの日本語
84	チン	うん、専門ですね。専門です。（はあ）3年間くらいもう勉強しました。	期間	
85	若菜	え、もうやってるんですか？		
86	チン	うん。		
87	若菜	え、じゃあ、もう漢字は書けるし。	漢字	
88	チン	うん。		
89	若菜	わー、すごいですね。へえ。		
90	チン	でも、読み方分か、分からないじゃ駄目ですよね。		
91	若菜	あ、読み方ですか。漢字の。		
92	チン	うんうんうん。		
93	若菜	いっぱいありますもんね。なんか、中国語と紛らわしくないですか？	中国語との混同	
94	チン	ああ。紛らわしい。		
95	若菜	似てるから。なんか。		
96	チン	しないですね、しない。		
97	若菜	大丈夫？		
98	チン	うん。		
99	若菜	へえ。		

　例 6-24 では、接触経験の少ない母語話者である若菜が「日本語の勉強してるんですよね」という発話により話題を導入し、相手の学習経験などについて質問している。話題展開にあたっては、「すごいですね」など相手を評価する発話も確認できる。このような評価の発話については、「母語話者／非母語話者」の固定的な関係性を強化するとして、注意を促されることも多い（オーリ 2005 など）。

　同様に、「国事情」及び「旅行」話題の展開においても、「日本事情に精通している日本人／中国事情に精通している中国人」という固定的な関係性が、強調されていると考えられる場面が多く見られた。そのうちの一つを例 6-25 としてあげる。

例 6-25　接触経験の少ない母語話者と少ない非母語話者による「国事情」話題の展開
(接触場面 D)

番号	話者	発話内容	小話題	大話題
79	原島	//え、中国で1番人気な日本のアニメは何ですか？	中国事情	中国で人気のアニメ
80	リョウ	まあ、年によって（あー）違うんです。うーん。全体的にから見ると、美少女戦士セーラームーンとか。		
81	原島	あー。そうなんだ。		
82	リョウ	あと、ドラえもんとか、（あー）ワンピースも（うん）もちろん人気あるし。まあ、もうちょっと10年前ぐらい（うん）BLEACHも。あとは。		
83	原島	あ、BLEACH。あー、はい、はい。		
84	リョウ	うん。		
85	原島	えー、NARUTOは？		
86	リョウ	NARUTO？		
87	原島	うん。NARUTOはそんなでもない？		

　例 6-25 では、「中国で1番人気な日本のアニメは何ですか？」という母語話者の問いから、非母語話者が色々なアニメを挙げている。ただ、母語話者からは何の情報も見られなかったため、一方的に情報が非母語話者から母語話者に提供されるだけで、話題が展開していた。

　他の大話題カテゴリーの展開についても、他の場面との大きな違いが見られた。先に接触場面 A における、学部生と大学院生の生活に関する話題の展開例を、例 6-17 として提示した。似通った話題が接触場面 D でも見られたので、提示したい（例 6-26）。

　例 6-17 として提示したように、接触場面 A では「学部生／大学院生」という非対称的な関係ではなく、「学生同士」という同質の関係を強調しながら話題が展開されていた。しかし、接触場面 D の例 6-26 では、ナンによるターン番号 58 の「授業はそんなに多くないですね」や「院生のみんなは毎日、何というか、「学部のみんなはいいね」って。」という発話により、「学部生／大学院生」という非対称的な関係が強調されていると考えられた。

例 6-26 接触経験の少ない母語話者と少ない非母語話者による「大学授業」「基本情報」「大学生活」話題の展開（接触場面 D）

番号	話者	発話内容	小話題	大話題
58	ナン	3年生ですか。// 授業はそんなに多くないですね。	古富の授業	古富の授業
59	古富	うーん、でも、思ったより多いです。		
60	ナン	あ、そうなんですか？		
61	古富	うーん。思ったより多くて（うん）、それで、まあ、今年から、【大学名】、クオーター制になったじゃないですか（はい）、何か、学期が四つになって。（ああ）で、それで、だから、ちょっと課題が増えて（はい）、ちょっと大変、それが。（ふーん）// 大学院ですか？	ナンの学年	基本情報
62	ナン	うん。（はー）えーと、大学院1年生です。（あー）うーん。// へー。みんなは、まあ、院生のみんなは毎日、何というか、「学部のみんなはいいね」って。	ナンの大学生活	学部生と院生
63	古富	えー。		
64	ナン	まあ…。		
65	古富	院生、大変ですか？	院生	
66	ナン	大変ですよ。（ふーん）毎日、コンピューターと（うーん）戦う、そういう感じ。		
67	古富	戦う。		
68	ナン	うん。（ふーん）レポートは多いです、うん。まあ、大変ですよ。（うーん）何というか、研究ということじゃなくて、授業の準備とか（ふーん）、宿題とか（あー）、いろいろがあります。（ふーん）別のコースは、まあ、楽そう（うーん）、楽そうですけど（うん）、まあ、日本語教育、まあ、専門教室は（うん）、ちょっと、何というか、じぶ、自分だけの感じですか（うーん）、まあ、ほんとに大変ですよ（ふーん）、うん。まあ、日本語が、何というか、ものすごく上手な（うーん）人もいますし、自分がなかなか（うーん）上手ではないから（うーん）、まあ、自分だけの感じかな。		

　以上が接触場面Dについてである。接触場面Dでは特徴的に、「母語話者／非母語話者」「日本事情に精通している日本人／中国事情に精通している中国人」「学部生／大学院生」などの非対称的な関係が、話題展開を通して強調さ

れていた。

6.5.6. 会話展開の内容分析のまとめ

　本節では、各会話でどのように話題が展開されていたのか、特にそこで強調されている関係性に注目して、分析した。主な結果としては、母語場面と接触場面Aでは同質の関係性が強調されることが多かった。接触場面B及び接触場面Cでは、それぞれ接触経験の多い母語話者と非母語話者により、話題展開の中で共通点が指摘される様子が観察され、同質の関係性が強調されていたと考えられた。一方で、両場面における接触経験の少ない母語話者及び非母語話者は、非対称的な関係を想定していると考えられた。接触経験の少ない者同士の接触場面Dでは、非対称的な関係が想定され、話題展開を通して強調されることが、特徴的に観察された。ただ、先にも述べたとおり、本節の結果は質的分析による結果であるため、これだけで一般化することはできない。また、話者の社会的カテゴリーの強調には、各話者群内の個人差や、2者間の相性も大きく影響するだろう。上記のような特徴的な談話例は観察されたものの、これからも分析対象を増やしながら、慎重に検討していく必要がある。

第7章 考　　察

　本章では、第1章で提示した共生日本語の形成過程に観察されるという協働の観点から、第2章から第6章までの分析結果を捉え直し、両者にどのような協働が見られるのか、またその協働をどのように学習しているのか、考察していきたい。ここに確認のため、岡崎（1994）が挙げた三つの協働を、再掲する。

　①相互調整行動…「やり取りの維持」に関わる行動
　　例）単語の意味を確認、互いの理解を確認、会話の保持に意識を払いながら話題を選ぶ
　②配慮行動…相互調整行動により維持される会話をより育成していくために、接触場面特有の会話のあり方を新たに創造する行動であり、コミュニティにおける共生を容易にするような歩み寄り
　　例）母語話者同士で会話する場合とは異なる「相手の意見に率直に自分の意見を言う」という行動
　③円滑化行動…より文化的な基礎に根ざした発話行為における相互の歩み寄り
　　例）「断る」ときに、非母語話者が母語話者との間に積極的に円滑な環境を作ろうとして、主体的に母語と異なる発話行為を創り出すこと
　（岡崎1994、p.65-71から部分的に抜粋。文言は杉原（2010）も参考とした）

　相互調整行動とは、つまり、それがなければ会話が中断してしまい、時に会話が終わってしまうような、やり取りを維持するための行動である。そして、配慮行動は、会話の中断及び終了を防ぐためではなく、両者がその会話に、より参加しやすくなるような、より話しやすくなるような行動だといえる。三つ目の円滑化行動は配慮行動と似ているが、特に発話行為において、自らの母語

の規範に固執せず、円滑な環境を作るための行動だといえる。発話行為は「より文化的な基礎に根ざし」ていると考えられるため、これまで多くの研究が、日本語と他言語の謝罪や依頼を比較し分析してきた。円滑化行動とは、それら発話行為において、自らの母語場面（日本語母語話者は日本語母語場面、中国語母語話者は中国語母語場面）の規範に固執せず、主体的に母語と異なる発話行為を創り出すことである。

　これら三つの行動が観察されるような接触場面において、その場その場で共生日本語は形成されていくと考えられる。以下では、分析対象とした接触場面でどのような相互調整行動、配慮行動、円滑化行動が観察されたのか、順に見ていきたい。接触経験の多寡による違いを見ながら、接触経験を通じて、どのように両者の協働が変化したのか、考察したい。

　また、岡崎（1994）が提言した上記の協働は、一方的に相手に配慮することだけではなく、双方のためにやり取りを続け、双方にとって共生しやすい環境を作っていくための協働だと考えられる。そこには、必ずしも直接相手の利益を志向しているわけではないような行動も、含まれるだろう。本書で注目した話題導入及び話題展開の分析からは、自分の話したいと思う話題を導入したり、自分の聞きたいことを聞いたりするという行動も、観察された。そのような自身の利益を志向するような行動も、双方にとって共生しやすい環境を作るためには、時に必要である。特に雑談会話の生起及び維持には、第2章でも述べたとおり、WTC（Willing to Communicate、MacIntyreほか1998）が大きく影響するため、自身のWTCを高めるための行動も必要となってくる。そこで、以下の考察では、第2章のインタビュー調査で用いた「相手利益／自己利益／双方利益」という観点を用いて、協働を整理していきたい。以下、相互調整行動、配慮行動、円滑化行動の順に考察する。

7.1　相互調整行動について

　まず「やり取りの維持」に関わる相互調整行動は、それがなければ会話が中断してしまうような、協働を意味する。本書で扱った項目では、第4章で分析した話題導入に伴う言語形式と、第5章で分析した話題導入の内容が関係する

と考えられた。

　話題導入における形式に関しては、相手が戸惑うような唐突な話題導入は、やり取りを一時的に止めてしまう可能性があるだろう。第4章で見たとおり、母語話者には自他の終了表現後に話題を転換する協働的転換が、多い結果となった。これは、様々な話題が導入されうる雑談会話において、母語話者が話題間のつながりや切れ目を明確にし、相手が戸惑わないように配慮しているためと考えられる。そのため、円滑な話題導入に必要な話題転換表現の使用は、相手利益の相互調整行動として、位置付けることができる。また、たとえ一方的転換及び突発的転換の場合であっても、母語話者のそれらの話題転換には、唐突な印象につながりにくい特徴が観察された。ただ、この相互調整行動については、接触経験の多寡による母語話者の違いは見られず、母語場面と接触場面の間でも特に違いは見られなかった。そのため、相手利益の相互調整行動とは考えられるものの、場面や相手に応じて調整されるものではないと考えられた。さらに、インタビュー調査でもフォローアップインタビューでもその意識は語られなかったため、母語話者はこれらの円滑な話題転換に資する話題転換表現を、意識的に用いているわけではないことが示唆された。

　非母語話者には、話題転換表現の使用について、接触経験の多寡による違いが観察された。分析結果によると、接触経験の少ない非母語話者が唐突な印象につながりやすい話題転換を多く起こしていた一方で、接触経験の多い非母語話者の話題転換には、そのような危険性が少ないことが示唆された。たとえ相手が母語話者であっても、唐突な話題転換は、そのやり取りを一時的に止めてしまう可能性がある。そのため、非母語話者は、自らの話題転換が与える印象の円滑さに、注意を払う必要があるだろう。本書では、接触経験の多寡による非母語話者の違いが確認されたことから、非母語話者が母語話者との接触経験を通じて、円滑な話題転換の方法を学習している可能性が示唆された。ただ、円滑な話題転換の方法については、近藤（2009）も主張しているように、明示的教育も有効であると考えられる。本書の非母語話者協力者が教室で学んだと回答した「そういえば」や「ところで」などの、限られた話題開始表現だけではなく、本書のデータで観察されたような終了表現及び開始表現を、文脈とともに教室で扱っていくことが可能だろう。

次の第5章で分析した話題導入の内容については、岡崎（1994）も相互調整行動の一例として、「会話の保持に意識を払いながら話題を選ぶ」を挙げている。インタビュー調査では、そのとおり「相手の日本語レベルに合わせた話題を導入する」という語りを、母語話者から聞くことができた。これは、非母語話者の日本語レベルに配慮した、母語話者による相手利益の相互調整行動として、捉えることができる。会話後のフォローアップインタビューでは、接触経験の多い母語話者から、「相手が中国人なので、中国のこととか日本の旅行のこととかの方が話しやすいかな、なんか答えられるかなと思って、意識しました」という語り（語り5-1）を聞くことができた。この語りから、当該話者が、相手国及び日本の旅行の話題は相手にとって難易度が低く、答えやすいと考えていることがうかがえる。接触経験の多い母語話者には「国事情・言語」話題の導入が多かったが、その頻度の高さには、このような相手利益の相互調整行動も影響していたと考えられる。一方の接触経験の少ない母語話者からは、話題の難易度と相手の日本語レベルの関連についての意識は、特に聞かれなかった。ただ、これには、本書の協力者が全て上級日本語学習者であることも、影響していると考えられる。つまり、非母語話者の日本語レベルが上級だったために、やり取りを維持するために簡単な話題を選択する必要性が、低かったのだと考えられる。日本語レベルが初級や中級の者を協力者とすれば、また異なる結果が得られるだろうことに、留意する必要がある。

　一方の非母語話者からは、相手がやり取りに付いてこられるように、話題を調整するといった行動は見られなかった。これは、非母語話者の相手が母語話者だったからだと、考えられる。ただ、これは非母語話者同士の日本語会話であり、そこに日本語レベルの差があれば、母語話者と同様に非母語話者からも、相手の日本語レベルを考慮した話題調整行動は観察されるかもしれない。また、相手のために話題を調整するという行動は観察されなかったが、自分のためにそれを調整するという語りを、非母語話者からは聞くことができた。それは、第5章で見た、接触経験の少ない非母語話者による「自分が非母語話者だからまあ、簡単な話をしようかという感じ」という語りである。上級日本語学習者ではあるものの、話題による得手不得手はあるだろう。例えば専門用語が多く自信がない話題については、その導入を避けるという可能性が考えられる。フ

ォローアップインタビューでは、会話中の具体的な話題には言及されなかったものの、「自分の専門」や「ニュースとかじゃなくて生活のこと」という話題が、簡単な話題として挙げられた。それが相手のためではなく、自分のための行動であるため、これは自己利益の相互調整行動として、捉えることができるだろう。本書で扱った2者間の会話では、どちらかの話者が参加できなければ、そこでやり取りが終わってしまう。そのため、ある話題にどちらかが参加できないことが判明すれば、その時点で別の話題が選択されることが多いだろう。しかし、3者以上の話者が参加する会話では、非母語話者がその話題に参加できなくとも、当該話題が進行し続けることがありうる。そのような事態を想定すれば、ここで見られたように自分の得意な話題を導入することは、非母語話者が母語話者との会話を継続し、接触経験を積むために、有効だと考えられる。

　また、話題導入の内容ではないものの、母語話者からはフォローアップインタビューで、非母語話者とのやり取りを続けるために「積極的に話題を導入した」という語りが多く聞かれた。これはやり取り自体を続けるための行動であり、双方利益の相互調整行動の一つとして捉えることができる。三牧（1999）も主張しているように、母語場面の大学生同士の初対面会話では、「何を話すべきか、何を話すべきではないか」という規範意識が共有されている。本書の母語場面の会話でも、会話中に話者が導入する話題に迷い沈黙することは、ほとんどなかった。フォローアップインタビューでも、母語場面については「何を話すべきか分からない」という旨の語りは聞かれなかった。しかし、一方の接触場面については、母語話者と非母語話者の両者から「何を話すべきか分からない」という旨の語りが聞かれ、次の話題を考えながら会話を進めていた話者が多いことが明らかになった。第5章でも述べたように、初対面会話の開始5分にあたるステージ1では、短い沈黙の後に母語話者が話題を導入することが多かった。これは、加藤（2006）が主張しているような、「言語的リソースを多く持っている母語話者が、会話をリードすることによって、非母語話者の負担を軽減しようというもの」であり、「非母語話者の日本語能力が低い場合は母語話者から話題を出せ」（p.12）という規範意識の表れであると、考えられる。本書では接触経験の多寡による差は特に見られなかったが、母語話者が非母語話者とのやり取りを維持するために、話題を積極的に出していたことが

明らかになった。特に本書で扱った雑談会話は、新しい話題が導入されなければ、そこで会話が終わってしまう。しかし、非母語話者がコミュニティに参入したり、新しい関係を築いたりするには、継続的な接触場面への参加が不可欠である。そこで母語話者の積極的な話題導入があれば、非母語話者の参加を手助けすることにつながる。また、同じことが、非母語話者にとってもいえるだろう。本書の母語話者には、接触経験が全くゼロの者はいなかった。しかし、それがゼロの者にとっては、「積極的な話題導入」は難しいかもしれない。そのような場合には、やり取りを維持し会話を終わらせないために、非母語話者が積極的に話題を導入していくことができるだろう。

　以上が、母語話者及び非母語話者の相互調整行動についてである。日本語教育分野の先行研究の多くが、この相互調整行動に注目してきた。母語話者によるフォリナートークを対象とした記述的研究や、非母語話者がやり取りを維持するためにどのようなコミュニケーションストラテジーを用いるのかという研究が、そこに含まれる。近年注目されている母語話者の学習についても、筒井（2008）や柳田（2010、2011）など、管見の限りその全てが、相互調整行動に分析対象を絞ってきた。それは、相互調整行動がやり取りの維持に時に不可欠であり、接触場面の基礎となるとからだと考えられる。本書でも、接触経験の多い母語話者に、岡崎（1994）で指摘されていたような「会話の保持に意識を払いながら話題を選ぶ」という行動を、確認することができた。また、非母語話者からの簡単な話題の導入、及び母語話者からの積極的な話題導入も、相互調整行動として観察することができた。

　次節では、配慮行動について見ていきたい。

7．2　配慮行動について

　配慮行動は、「相互調整行動により維持される会話をより育成していくために、接触場面特有の会話のあり方を新たに創造する行動であり、コミュニティにおける共生を容易にするような歩み寄り」と定義される（岡崎 1994）。つまり、会話を維持するだけではなく、その会話の中で母語話者及び非母語話者がより話しやすくなるような、さらに共生しやすくなるような、接触場面特有の

行動を指す。本書で扱った分析項目では、第5章で分析した話題の内容、第6章で分析した話題への参加形式が、関係すると考えられた。

　まず、第6章で分析した参加形式から、見ていきたい。第6章で提示したとおり、母語場面及び接触場面Aでは両者が話し手となることが多かったのに対して、接触経験の多寡に差がある接触場面B及びCでは、接触経験の多い者（接触場面Bでは母語話者、接触場面Cでは非母語話者）が聞き手となることが多かった。本研究での聞き手とは、当該話題の展開中に相づち及び質問のみに従事していたものを意味する。質的な分析からは、これらの聞き手として参加することが多かった話者が、質問を重ねながら各話題を主導している様子が確認された。接触場面に慣れていない相手に質問を投げかけることで、その相手はたとえ質問に答えるという受動的な方法であっても、当該会話に参加することが可能となる。したがって、相手に対して質問を多く投げかけることは、会話を主導するとともに、相手の会話参加を容易にする、相手利益の配慮行動だと位置付けることができる[1]。協働の枠組みを用いる先行研究は、非母語話者の会話参加を助けるための、母語話者の言語運用に注目することがほとんどだった。話し手と聞き手という参加形式についても、母語話者が聞き手となり話題展開を主導するという行動ばかりが、注目されてきた（Long 1981、加藤 2006 など）。しかし、本書では、接触場面Cで非母語話者が母語話者に多くの質問をし、話題展開を主導する様子を観察することができた。この結果は、本書で接触経験の多寡により話者を統制し、接触経験の少ない母語話者と多い非母語話者の会話を分析したからこそ、見られたものだと考えられよう。接触場面に慣れている非母語話者が、時に母語話者の参加を容易にするような行動をとることを明らかにできたことは、本書の重要な成果の一つである。両者の協働の方法を考えていく中で、このような非母語話者による配慮表現にも、

---

1) 本書では、この積極的に聞き手になる行動を、相互調整行動ではなく配慮行動に含めた。それは、本研究のデータでは、話題展開中に沈黙があって質問が生じていたわけではないため、それらがやり取りの維持のために生じたものではなかったと考えたからである。ただ、これがもし話題展開中に頻繁に沈黙が生じ、その沈黙を破るために一方が質問を発して聞き手になっていたとしたら、それは、互調整行動だと考えるべきだということを、ここで補足しておく。

今後もっと注目していくべきだろう。

　上記のような相手利益の配慮行動が観察されたのと同時に、フォローアップインタビューでは、自己利益のために聞き手になるという語りも聞かれた。例えば母語話者からは、「留学生の方だと、やっぱり相手の方の話とか聞くの新鮮なので、聞いていると楽しいなってなりますね」（佐藤）、「自分の話をするより人の話を聞く方が楽しいんで」（福田）という語りが聞かれた。ここから、自らの好奇心や興味のために、母語話者が聞き手に回ることもあるのが分かる。これは、自らのWTCを高め満足感を得るような、自己利益の配慮行動として捉えられる。

　さらに、母語話者からは、「何か相手からの質問を待つよりも、自分から質問しちゃった方が楽かなっていうのはありました。待ってたら、何聞かれるか分からないし」（平山）という語りも、聞くことができた。聞き手となり話題の展開において質問を重ねることで、話者は当該話題の展開の方向に関して、主導権を握ることになる。そのため、話者は質問を続けることによって、自分が苦手な方向に話題が展開することを防ぐことができるだろう。そうすることによって、「何聞かれるか分からない」という不安も、軽減することができると考えられる。そのため、これもやはり話者自らの会話参加を容易にするという意味で、自己利益の配慮行動と捉えることができる。このように、会話参加の方法に関して、自己利益の配慮行動に関する意識が語られたのは、母語話者のみだった。しかし、質問をしながら主導権を握ることで、非母語話者が自らの会話参加を容易にすることも可能だろう。接触経験の多い非母語話者が接触場面Cで聞き手となることが多かったことから、当該場面では接触経験の多い非母語話者が、そのような行動を実践していた可能性も考えられる。

　また、そのような母語話者による積極的な質問の一方で、第6章に提示したように、語り6-3では非母語話者から「多分向こうがすごく助けてくれて、ちょっとだけ沈黙あったらすぐ平山さんが出してくれたから（質問できなかった）」という声が聞かれた。ここでは「出してくれた」という表現を用いて、接触経験の少ない非母語話者であるリョウは、母語話者に感謝の意を表している。しかし、学習についていえば、リョウは母語話者の積極的な質問及び会話の主導に感謝するだけではなく、自らも質問を重ねて話題展開の主導権を握る

ことができるようになることが、望ましいだろう。以上が、第6章の参加形式の分析から見られた、両者の配慮行動である。

　さらに、話題の内容については、接触場面特有の話題として「国事情・言語」が観察された。接触経験の多い母語話者によるそれらの話題の導入が、相手利益の相互調整行動と捉えられることは、前節でも述べたとおりである。また、同じく接触経験の多い母語話者からは、「興味があるので」(語り5-1)「国事情・言語」話題を導入するという語りが聞かれた。これは、自分の接触場面への参加動機を高め、そのWTCも高めるための、自己利益の配慮行動として捉えることができる。接触経験の多い母語話者と同じく、興味があるために「国事情・言語」話題を導入したと語っていたのが、接触経験の少ない非母語話者だった。これも同様に、自己利益の配慮行動として捉えられる。母語話者は接触経験の多い者に「国事情・言語」話題の導入が多かったのに対して、非母語話者は接触経験の少ない者に、それが多かった。フォローアップインタビューの結果も合わせて考えると、そもそも本書で統制した接触経験の多い母語話者が、そのような国や文化、言語に関する話題に高い関心を持っており、そのような関心のためにこれまで接触経験を積んできた可能性があることが、指摘できた。

　導入した話題をどのように展開し、その中でどのような関係性を強調していたのかについては、6.5で分析した。特徴的だった観察結果として、母語話者か非母語話者かにかかわらず、接触経験の多い話者は同質の関係性を強調することが多く、接触経験の少ない話者は非対称的な関係性を強調することが多いことを、指摘した。ジャロンウィットカジョーン・加藤（2010）は、前者が「二項対立的な構図を緩和させ、お互いの距離の縮小をより早め」(p.25)ること、後者が「お互いの相違点に関心を示しあい、会話を盛り上げ」(p.23)ることを、主張している。本書では、その二つが初対面会話で重要な機能であることを認めた上で、話者が当該初対面会話から相手と友好的な関係を築きたいのであれば、相違点ばかり強調しすぎることには注意が必要であると主張した。協働の枠組みでは、接触経験特有の話題である「国事情」や「言語」を展開しながら、「日本人／中国人」「母語話者／非母語話者」という非対称的な関係性を強調することは、会話を盛り上げることでお互いの会話参加を容易にする、

双方利益の配慮行動と捉えることができる。同じくそれらの話題を展開しながら、「国事情や地域事情に興味を持つ者同士」など同質の関係性を強調することも、心的距離を短縮させれば会話参加が容易になると考えられることから、双方利益の配慮行動として捉えられるだろう。

　以上が、本書で観察された、配慮行動である。次節では、円滑化行動について、見ていくこととする。

7.3　円滑化行動について

　三つの協働の最後に、円滑化行動について考察していきたい。円滑化行動は先述のとおり、「より文化的な基礎に根ざした発話行為における相互の歩み寄り」である。15分から20分程度の初対面会話である本研究のデータには、発話行為として取り上げられることの多い謝罪や依頼は見られなかった。Searle (1969) が発話行為として挙げた中で、本書のデータにも見られたのは、相手からの回答を要求する指示型行為である、質問である。ただ、質問一般は先に聞き手としての行動として配慮行動でも取り扱ったので、ここでは特に「文化的な基礎に根差し」ていると考えられ、先行研究でも文化差があると指摘されている、プライバシー情報の開示を要求する質問に、焦点を絞りたい。

　先行研究では、中国語母語場面と日本語母語場面の比較から、前者においてより多くプライバシー情報に踏み込むことが明らかにされている（趙2014）。本書の分析では、特に接触経験の少ない非母語話者が「失礼にならないように」という懸念を持っていること、そしてそのために「基本情報」話題の導入頻度が少なかったことが、明らかになった。これは、文化差があると指摘されていて、相手に回答を要求し、対人関係にも大きく影響しうる質問という発話行為を、当該話者が避けていたためと考えられる。友好的な対人関係の形成を阻害しうる行動を回避することは、一つのストラテジーといえるだろう。そのような話題を回避していた結果、「当たり障りのない」と考えられる「国事情・言語」話題が導入されていたのは、前節でも見たとおりである。さらに、「失礼にならないように」という懸念を持っていた接触経験の少ない非母語話者によるストラテジーとしては、「あなたは？」「○○さんはどうでしたか？」というように、聞かれたことをそのまま相手に質問するという方法が観察された。第

第 7 章 考　察

　6章の分析では、それが相手のプライバシーに踏み込みすぎない、安全で有効なものだと認めた上で、自ら質問項目を設定することはできないために、得たい情報が得られない可能性を指摘した。これらの接触経験の少ない非母語話者による、プライバシーに踏み込む質問の回避、及び安全にその質問を実行するストラテジーの使用は、相手を不快にさせないための、相手利益の円滑化行動として捉えられる。

　一方、接触経験の多い非母語話者からは、「失礼にならないように」という意識はほとんど聞かれず、「基本情報」話題も母語話者と同様に導入していた。そこから、非母語話者が接触経験を通じ、「失礼にならないように」話題を導入し相手に興味を示す方法を、身に付けている可能性が示唆できる。具体的なその方法としては、接触経験の多い非母語話者から、プライバシーに大きく踏み込む「恋人」話題の展開に際して、「なんか彼氏の話、いっぱいしたから、私の方からも聞いてもいいかなと思って」（ミン）という語りが聞かれた。ここから、自分が話した後ならば、相手に聞いても失礼にならないという意識を当該話者が持っていることがうかがえる。これも、接触経験の少ない非母語話者の聞かれたことをそのまま相手に質問するという方法と同様に、相手のプライバシーに安全に踏み込むための、有効なストラテジーといえるだろう。

　上記のような行動は、確かに主体的に自らの母語と異なる発話行為を創り出す協働であり、円滑化行動と考えられる。ただ、注意しなくてはならないのは、非母語話者が持っていると確認された「失礼にならないように」という意識が、母語場面における日本語の規範意識を反映したものだと考えられる点である。それは、フォローアップインタビューにおける、「日本人はすごくプライバシーを守っている感じがします。聞いたら、怒られるかも」（ホウ）や「日本人はちょっと、個人情報はあまり話さないイメージ。（中略）失礼かもしれないし、私からは聞かないです」（ナン）という語りからも、うかがわれる。母語場面における規範を非母語話者に押し付けることの危険性は、ここまで繰り返し述べてきたとおりである。そのため、本来ならば、非母語話者が発話行為で意識するのは、どちらの母語とも異なる共生日本語の規範（その場で形成される当事者間の規範）であるべきであり、母語場面の日本語の規範ではない。母語話者が非母語話者に同化を直接的に要請しなくとも、同化要請が生じてしま

うのは、第1章で岡崎（2007）を引用しながら、見たとおりである。以下に、当該部分を再掲する。

> 「自己選択」について、日本人はこうすると教えられた外国人が、その方法とは異なる方法を現実問題として選択できるだろうか。「自己選択」の形をとっているように見えても、現実的には他の選択肢をとらず、結局「同化要請」として機能することが多いのではないだろうか。
> 　　　　　　　　　　　　　　　　　　　　　　（岡崎2007、p.290）

上記のように、非母語話者が母語場面の規範を意識しないことは、難しいといえる。そこで期待されるのが、接触場面における母語話者の円滑化行動である。母語話者と非母語話者双方の円滑化行動により、どのように共生日本語が形成されうるのか、以下に図示したい（図7-1）。

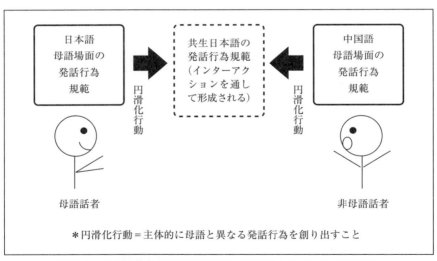

図7-1　母語話者と非母語話者の円滑化行動による共生日本語の形成

このように、母語話者からの円滑化行動もあることで初めて、当該コミュニケーションで共生日本語が形成され、どちらの母語場面の規範とも異なる、共生日本語の規範がその場で参加者に意識されると考えられる。そうなれば、母

語場面における規範を母語話者が非母語話者に押し付ける事態は、避けることができるだろう。しかし、本書では、母語話者の円滑化行動については、接触経験の多い1名からプライバシー情報に踏み込むことの懸念が聞かれたのみだった。その懸念とは、語り5-2として提示した「彼氏さんについては、結構恋愛の話って人によっては、すごく地雷っていうか、触れるとまずいみたいなのもあるんで、ま、恋愛はあっちの人の恋愛観も良くわからないんで、ちょっとそっとしておいて」という声である。他の話者には、たとえ接触経験の少ない者であっても、そのような懸念を口にするような者がいなかったことは、興味深い。文化によるプライバシーへの踏み込み方の違いについて、母語話者が意識的でなかったことが、指摘できるだろう。そのため、本書では、図7-1に示した円滑化行動による共生日本語の形成は、以下に図示されるように、現れなかったと考えられる（図7-2）。

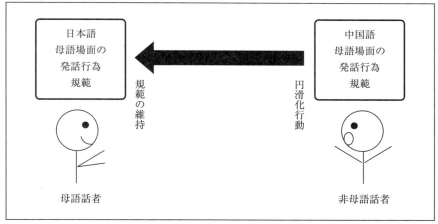

図7-2　母語話者による円滑化行動が見られなかった場合

　本書では母語話者による円滑化行動が見られなかったことから、上記のように非母語話者が一方的に、日本語母語場面の規範を意識せざるを得ない状況が、続いていたと考えられる。母語話者も共生日本語の形成に向けて、主体的に母語と異なる発話行為を創り出すためには、まず自分と相手の文化差に意識的になることが必要だろう。それを意識することから、両者の共生を容易にするよ

うな、新しい規範が創っていけると考えられる。そのためには、母語話者が自らの言語運用を振り返り、話者間の文化差に意識的に慣れるような取り組みが必要である。

第8章 おわりに

8.1 教育への提言

　本節では、教育の枠組みから、母語話者と非母語話者が協働を学習するために、どのような取り組みが可能なのか考えたい。まず相互調整行動については、接触経験の少ない非母語話者に、適切な話題転換表現を用いた言語運用ができていないことが指摘された。非母語話者に対する日本語教育の現場において、円滑な話題転換に必要な話題転換表現を教授することが必要だといえる。これまで教室内では開始表現が注目されてきたが、適切な終了表現について、さらにそれらの話題転換表現を用いるべき適切な場面について、非母語話者に提示することが必要である。母語話者に対しては、話題導入に関して、どのような話題が非母語話者にとって難易度が低いのか、教えることができるだろう。これについては、佐藤（2004）らの「やさしい日本語」の提言が参考になると考えられる。話題の難易度は、そこで用いられる語彙や文型と密接に関連する。第2章でも述べたように、非母語話者にとっての難易度を判断することは簡単なことではなく、ともすれば必要以上に簡単な語彙や文型ばかり使ってしまう可能性もあるだろう。母語話者であることが、その難易度の調整を可能にするわけではないことを、母語話者は認識する必要がある。そして、具体的なその調整の方法を、母語話者に対する教育として行うことができるだろう。以上が、相互調整行動についての、教育に関する提言である。

　次の配慮行動については、どのような教育が可能だろうか。相互調整行動と違って、この配慮行動は、明示的に何かを教えるという意味での教育の枠組みでは、扱いにくい。「どうすべきか」という答えがあるのではなく、会話の中で見極めながら、それぞれの行動を実行したり回避したりする必要があるからである。これまで、母語話者の学習に注目する研究の全てが、相互調整行動を分析対象としてきたのも、その教育への還元のしやすさが一因だと考えられよう。本書では、話題について分析したことで、7.2にまとめたような多くの配慮行動を観察することができた。どのような話題を導入するのか、またそれを

どのように展開するのかという社会言語能力については、接触経験を積み重ねながら、身に付けていく必要があるだろう。特に話題導入の内容に関する適切性について、懸念があまり見られなかった母語話者には、接触場面における言語運用を改めて振り返る機会が必要である。また、母語話者と非母語話者の両者から聞かれた「自分が話したいから特定の話題を導入した」という意識は、雑談会話では当然のものであり、自らのWTCのためにも重要な意識である。ただ、同時に、相手のWTCも考慮しながら、どのような話題を導入するのか決めていく必要がある。それに加えて、導入したそれぞれの話題が果たしうる、会話を盛り上げたり心的距離を縮めたりといった機能についても、話者は自覚的になることが望ましい。そのような機能について、気付きを与えるような教育を提言したい。

　話題展開における参加形式については、接触経験の多い者が質問を重ねて、聞き手となる様子が観察された。質問を重ねることはどのような方向に話題を展開するのか決定し、話題展開を主導することを意味する。そのため、接触経験の少ない者も、質問を重ねて聞き手となり、自らの意思に沿って話題を展開できるようになることが望ましい。これについては、教室で何かを明示的に教えることは難しいが、教室内でも積極的に接触場面の機会を作ることで、その経験を積むことが有効だと考えられる。

　最後の円滑化行動については、第7章でも詳しく述べた。母語話者に、プライバシーに踏み込む質問に関する懸念が見られなかったことから、そこに母語場面の規範意識が持ち込まれている可能性を指摘した。そして、母語話者が自らの言語運用を振り返り、話者間の文化差に意識的に慣れるような取り組みの必要性を提示した。その方法としては、異文化間能力（intercultural Competence、Byramほか2002など）を身に付けさせることを目指した取り組みが、参考になるだろう。Byramほか（2002）は、異文化間能力を構成する要素の一つとして文化の批判的文化アウェアネス（critical cultural awareness）を挙げており、それを「批判的かつ明示的な基準に基づいて、自己及び他者の文化と国の観点、習慣及び生産物を評価するための能力」と定義している（p.9、著者訳）。そのような能力を身に付け、発話行為における文化差にも自覚的になれば、母語場面の規範を維持するのか、それとも何らかの協

働を行うのか、母語話者も選択できるようになるだろう。異文化間能力を身に付けるための方法については、異文化コミュニケーションや異文化間教育というキーワードとともに、実践と研究が進められている。

　以上が、本書の分析結果及び考察に基づいた、教育への提言である。

8.2　今後の課題

　最後に、残されている課題について述べた上で、今後必要な研究の方向性を主張する。まず、課題として最も重要なのは、接触経験の統制についてである。本書では、接触経験を通して母語話者及び非母語話者が学習を進めるという仮説の下で、接触経験の多い母語話者及び非母語話者、接触経験の少ない母語話者及び非母語話者に協力者となってもらった。その仮説は、先行研究及び第2章のインタビュー調査を根拠とするものであり、実際に分析結果から、接触経験を通した学習の可能性が示唆された。しかし、課題としなければならないのは、その条件統制の方法である。本書では、話者に自分自身の接触経験を振り返ってもらうことにより、その頻度や期間を聞き出した。そして、その聞き出した内容を根拠に、話者を統制した。しかし、各話者がどこまで正確に、それぞれの接触経験を思い返すことができていたのかは、確認できていない。接触経験を統制するための最適な方法を、考えていく必要がある。ただ、多くの先行研究が非母語話者を統制するために用いてきた日本語能力試験については、それが口頭能力試験を含まないことから、談話分析の条件に適さないという批判も多かった。従来の条件統制を見直すという意味でも、非母語話者を接触経験という条件により統制したことには、意義があるだろう。また、母語話者の条件統制についても、これまでは接触経験の多寡を「日常的な非母語話者との接触」や「頻繁に接触」という基準で、統制してきた。これを「週2回以上」と具体的にしたことにも、大きな意義があると考えている。今後も、文法能力と区別され、筆記試験では測定しにくい社会言語能力について、どのようなデータを扱えばその習得を観察することができるのか考えていきたい。

　もう1点、データについては、本書が20代学生同士、女性同士の初対面会話を対象としていることに留意する必要がある。それらの条件が異なれば、結

果は大きく異なりうるだろう。特に初対面会話で「何を話すか」については、世代や性別が大きく影響すると考えられる。本書で見られた結果及び考察が、本書で扱ったデータに立脚しており、そのため過度な一般化はできないことに注意されたい。今後は他の条件によるデータも収集しながら、本書の結果がどこまで一般化できるものなのか、見極めていく必要があるだろう。

　さらに、協働についても、今後取り組むべき課題は多い。本書では、「何を話せばいいか分からない」という母語話者及び非母語話者の悩みから出発し、接触場面を始め展開していくための、話題を分析対象とした。そうしたからこそ、協働という枠組みにおいて、これまで分析対象とされることがなかった配慮行動及び円滑化行動について、考察することができたと考えている。やり取りを維持するための相互調整行動が接触場面において、特に非母語話者の日本語レベルが初中級の場合に重要であることは、確かである。しかし、やり取りを続けるだけでなく、そこで対人関係を築いたり、そこからコミュニティへの参加を実現したりするためには、今後も配慮行動及び円滑化行動に注目していく必要があるだろう。特に従来の、母語場面の言語運用を規範とし非母語話者に同化を要請するような教育から脱却するためには、母語話者が接触場面特有の言語運用を身に付け、協働を実行することが必要だと考えられる。本書では、その分析結果に基づいて、母語話者がまずは自身の言語運用に意識的になることが必要だと、主張した。ただ、本書はあくまで、話題を分析することから見られた協働のみを対象としており、他にも分析できる対象は多く存在する。日本語教育研究の分野で多くの先行研究が蓄積されている、敬語表現の使用や各発話行為を協働の観点から分析することで、見えてくることは多いだろう。特に母語話者が協働について、どのように学習を進めるのか明らかにすることは、これからの共生社会の形成に欠かせない課題である。

参考文献

Austin, J. L. (1962). *How to do things with words*. London: Oxford at the Clarendon Press.

Bai, P. S. and Hei, K. C. (2011). Topic shifts in conversations: Focus on Malaysian Chinese teenagers. *SARJANA 26*(2), 101-118.

Bakeman, R. and Gottman, J.M. (1986). *Observing Interaction: An Introduction to Sequential Analysis*. Cambridge: Cambridge University Press.

Byram, M. , Gribkova, B. and Starkey, H. (2002). *Developing the Intercultural Dimension in Language Teaching: a practical introduction for teachers*. Language Policy Division, Directorate of School, Out-of-School and Higher Education, Council of Europe.

Canale, M. (1983). From communicatative competence to communicative language pedagogy. In Jack. C. Richards and Richard W. Schimidt (eds.), *Language and Communication*. pp.2-27. London: Longman.

Canale, M. and Swain, M. (1980). Theoretical Bases of Communicative Approaches to Second Language Teaching and Testing. *Applied Linguistics, 1*(1). 3-47.

Chomsky, N. (1965). *Aspects of the theory of syntax*. Cambridge, MA: The MIT Press.

Covelli, L. H. and Murray, S. O. (1980). Accomplishing Topic Change. *Anthropological Linguistics, 22*, 382-390.

Danes, F. (1974). Functional Sentence Perspective and the Organization of Text. In F. Danes (eds.), *Papers in Functional Sentence Perspective*. pp.106-128. Prague: Academia.

Drew, P. and Heritage, J. (1992). Analyzing Talk at Work: An Introduction. In Paul Drew and John Heritage (eds.), *Talk at Work*. pp.3-65. Cambridge: Cambridge University Press.

Ferguson, C. A. (1981) 'Foreigner talk' as the name of a simplified register. *International Journal of the Sociology of Language, 28*, 9-18.

Fukuda, C. (2006). Resistance against being formulated as cultural other: The case of a Chinese student in Japan. *Pragmatics, 16*(4), 429-456.

Giles, H. (1973). Accent mobility : A model and some data. *Anthological Linguistics, 15.* 87-105.

Giles, H., Mulac, A., Bradac, J. J. and Johnson, P. (1987). *Communication Yearbook, 10,* 13-48.

Haugen, E. (1972). *The Ecology of Language. Stanford,* California: Stanford University Press.

Hymes, D. (1962). The Ethnography of Speaking. In T. Gladwin and W. C. Sturtevant (eds.), *Anthropology and Human Behavior.* pp.13–53. Washington, DC: Anthropology Society of Washington.

Hymes, D. H. (1972). On communicative competence. In J. B. Pride and J. Holms (eds.), *Sociolinguistics.* pp.269-293. Harmondsworth: Penguin Books.

Ikeda, T. (2005). The interactional achievement of being "native" and "nonnative" speakers: An analysis of multiparty interactions between Japanese and international students. *CLIC: Crossroads of Language, 6,* 60-79.

Izaki, Y. (2000). Cultural diffenrences of preference and deviations from expectations in requesting: A study of Japanese and French learners of Japanese in contact situations. *Journal of Japanese Language Teaching, 104,* 79-88.

Jernudd, B. H. and Neustupny, J. V. (1987). Language planning: for whom? In L .Laforge (ed), *Proceedings of the International Colloquim on Language Planning.* pp.71–84. Quebec: Les presses de l' Universite Laval.

Kang, S. J. (2005). Dynamic emergence of situational willingness to communicate in a second language. *System, 33*(2), 277-292.

Krashen, S. (1982). *Principles and Practice in Second Language Acquisition.* Oxford: Pergamon.

Krashen, S. (1985). *The Input Hypothesis: Issues and Implications*. London: Longman.

Kumatoridani, T. (1999). Alternation and co-occurence in Japanese thanks. *Journal of Pragmatics, 31*, 623-642.

Linell, P. (1990). The power of dialogue dynamics, In I. Marková and K. Foppa (eds.), *The Dynamics of Dialogue*. pp.147-177. New York: Harvester Wheatsheaf.

Linell, P. and Luckmann, T. (1991). Asymmetries in dialogue: some conceptual preliminaries, In I. Marková and K. Foppa (eds.), *Asymmetries in Dialogue*. pp.1-20. New York: Harvester Wheatsheaf.

Long, M. H. (1981). Questions in foreigner talk discourse. *Language Learning, 31*(1), 135-157.

Long, M. H. (1983). Native speaker/ non-native speaker conversation and the negotiation of comprehensible input. *Applied Linguistics, 4*, 126-141.

Long, M. H. (1996). The role of the linguistic environment in second language acquisition. In W. C. Ritchie and T. K. Bahtia (eds.), *Handbook of second language acquisition*. pp.413-68. New York: Academic Press.

MacIntyre, P. D., Dörnyei, Z., Clément, R., and Noels, K. A. (1998). Conceptualizing willingness to communicate in a L2: A situational model of L2 confidence and affiliation. *The Modern Language Journal, 82*(4), 545-562.

Marková, I. and Foppa, K. (1991). *Asymmetries in dialogue*. Hempstead: Harvester Wheatsheaf, Barnes & Noble Books.

Maynard, D. W. and Zimmerman, D. H. (1984). Topical Talk, Ritual and the Social Organization of Relationships. *Social Psychology Quarterly, 47*(4), 301-316.

Nakai, Y. K. (2002). Topic shifting devices used by supporting participants in native/native and native/non-native Japanese conversations.

Japanese Language and Literature, 36(1), 1-25.

Neustupný, J. V. (1985) Problems in Australian-Japanese contact situations. In J. B. Pride (ed.), *Cross-Cultural Encounters: Communication and Miscommunication*. pp.44-64. Melbourne: River Seine.

Nishizaka, A. (1995). The interactive constitution of interculturality: How to be a Japanese with words. *Human Studies*, 18, 201-326.

Richards, J. C. and Rodgers T. S. (2001). *Approaches and Methods in Language Teaching* (2nd ed.). Cambridge: Cambridge University Press.

Ross, S. and Shortreed, I.M. (1990). Japanese foreigner talk: Convergence or divergence?. *Journal of Pacific Communication*, 1(1), 135-145.

Sacks, H. (1972). An initial investigation of the useability of conversational data for doing sociology. In D. Sudnow (ed.), *Studies in Social Interaction*. pp.31-74. New York: Free Press.

Searle, J. R. (1969). *Speech Acts: An Essay in the Philosophy of Language*. Cambridge: Cambridge University Press.

Shimahara, K. (2015). The influence of experience as non-native speakers on beliefs of native speakers. *British Association for Applied Linguistics Annual Meeting 2015 Conference Handbook*. 188.

Shimahara, K. (2016a). How Native Japanese Speakers Categorize themselves and Non-Native Speakers in First Encounters. *Hawaii International Conference on Education 14th Annual Conference Program*. 109.

Shimahara, K. (2016b). The Influence of Experience as Non-Native Speakers on Beliefs of Native Speakers. *Proceedings of the 48th Annual Meeting of the British Association for Applied Linguistics*, 75-86.

Tarone, E., Cohen, A. and G. Dumas. (1983). A closer look at some interlanguage terminology: a framework for communication strategies. In Faerch, C. and Kasper, G. (eds.), *Strategies in Interlanguage Communication*. pp.4-14. Longman.

Vogt, W. P. (1999). *Dicionary of Statistics and Methodology: A Nontechnical*

Guide for the Social Siences. London: Sage.

Wales, R. J. and Campbell, R. N. (1970). The development of comparison and the comparison of development. In Flores d'Arcais, G. B. and Levelt, W. L. M. (eds), *Advances in Psycholinguistics*. Amsterdam: North Holland.

Wallerstein, N. (1983). *Language and culture in conflict: problem-posing in the ESL classroom*. New York: Addison-Wesley.

West, C. and Garcia, A. (1988). Conversational shift work: A study of topical transitions between women and men. *Social Problems*, 35, 551-575.

Yeh, L. M. (2004). *Determination of Legitimate Speakers of English in ESL discourse: Social Cultural Aspects of Selected Issues -Power, Subjectivity and Equality-*. Unpublished doctoral dissertation, the Graduate School of The Ohio State University.

天野貴介(2009).「多文化共生社会構築のための一方策「分かってもらえる日本語」の提案―増加する外国人研修生を背景に―」『小出記念日本語教育研究会論文集』17, 5-19.

新居知可子(2008).「母語話者と非母語話者の固定的役割を超える日本語支援活動を目指して―「2007春 にほんご わせだの森」に参加した日本語母語話者へのインタビューから」『早稲田日本語教育学』2, 45-58.

池田広子・ナイダン・バヤルマー・劉娜(2007).「協働型実習の準備期間における教師の成長―協働活動による社会面の意識変容―」岡崎眸(監修)『共生日本語教育学―多言語多文化共生社会のために』pp.41-64. 雄松堂出版

伊藤由希子(2008).「話題・親疎関係と「配慮」の関わり：現代大学生の言語意識調査に基づく「嘘」と「本音」」『早稲田日本語研究』17, 83-95.

岩田夏穂(2005).「日本語学習者と母語話者の会話参加における変化―非対称的参加から対称的参加へ」『世界の日本語教育』15, 135-151.

岩田夏穂(2007).「共生日本語教育実習における実習生と母語話者・非母語話者参加のコード化の試み」岡崎眸(監修)『共生日本語教育学―多言語多文化共生社会のために』pp.225-248. 雄松堂出版.

参考文献

宇佐美まゆみ(1999).「談話の定量的分析―言語社会心理学的アプローチ―」『日本語学』18(10), 40-56.

宇佐美まゆみ・嶺田明美(1995).「対話相手に応じた話題導入の仕方とその展開パターン ―初対面二者間の会話分析より―」『名古屋学院大学日本語学・日本語教育論集』2, 130-145.

薄井宏美(2007).「接触場面の参加者の役割から見る社会文化能力の習得」『千葉大学日本文化論叢』8, 76-59.

梅田泉・マスデン真理子・津留紀子・舛井雅子(1997).「初級日本語学習者のためのコミュニケーション・ストラテジーの指導」『熊本大学留学生センター紀要』1, 17-32.

エミ, インダー・プリヤンティ(2013).「接触場面における「直接話題転換方略」に関する一考察―初対面場面の会話を維持するために―」『文化』76(3-4), 39-50.

大津友美(2004).「親しい友人同士の会話におけるポジティブ・ポライトネス―「遊び」としての対立行動に注目して -」『社会言語科学』6(2), 44-53.

大平未央子(2001).「フォリナートーク研究の現状と展望」『言語文化研究』27, 335-354.

岡崎敏雄(1994).「コミュニティにおける言語的共生化の一環としての日本語の国際化」『日本語学』13 (12), 60-73.

岡崎敏雄(2003).「共生言語の形成―接触場面固有の言語形成―」宮崎里司・ヘレン・マリオット(編)『接触場面と日本語教育―ネウストプニーのインパクト―』pp.23-44. 明治書院

岡崎敏雄(2005).「言語生態学原論―言語生態学の理論的体系化」お茶の水女子大学日本言語文化学研究会編集委員会(編)『共生時代を生きる日本語教育―言語学博士上野田鶴子先生古希記念論集』pp.503-554. 凡人社

岡崎敏雄・西川寿美(1993).「学習者のやりとりを通した教師の成長」『日本語学』12(3), 31-41.

岡崎眸(2002a).「内容重視の日本語教育」細川英雄(編)『ことばと文化を結ぶ日本語教育』pp.49-66. 凡人社

岡崎眸(2002b).「内容重視の日本語教育－多言語多文化共生社会における日本

語教育の視点から—」『科学研究費補助金研究成果報告書　内省モデルに基づく日本語教育実習理論の構築』322-339．(http://www.dc.ocha.ac.jp/comparative-cultures/jle/Okazaki/naiyoo-juushi.html).2016年11月閲覧．

岡崎眸監修(2007)．『共生日本語教育学—多言語多文化共生社会のために』雄松堂出版

荻原稚佳子(1996)．「日本語学習者のコミュニケーション・ストラテジー使用の縦断的研究」『講座日本語教育』31, 74-92．

奥山洋子(2011)．「初対面の韓国女性に対する日本女性の自己開示の種類と量における分析 - 韓日大学生間の録画資料をもとに—」『日本語教育研究』20, 81-96．

尾崎明人(1981)．「外国人の日本語の実態(2)上級日本語学習者の伝達能力について」『日本語教育』45, 41-52．

尾崎明人(1992)．「聞き返しのストラテジーと日本語教育」カッケンブッシュ寛子・尾崎明人・鹿島央・藤原雅憲・籾山洋介(編)『日本語研究と日本語教育』pp.251-263．名古屋大学出版会

尾崎明人(1993)．「接触場面の訂正ストラテジー—『聞き返し』の発話交換をめぐって—」『日本語教育』81, 19-30．

尾崎明人(1996)．「会話教育のシラバス再考：展開と問題処理の技術を中心として」『名古屋大学日本語・日本文化論集』4, 119-135．

尾崎明人(1999)．「フォリナー・トークの功罪」『月刊言語』28 (4), 68-69．

尾崎明人(2006)．「コミュニケーション能力の育成」国立国語研究所(編)『日本語教育の新たな文脈 - 学習環境、接触場面、コミュニケーションの多様性—』pp.196-220．アルク

オストハイダ，テーヤ(1999)．「対外国人行動と言語外的条件の相互関係」『日本学報』18, 89-104．

オストハイダ，テーヤ(2011)．「言語意識とアコモデーション—「外国人」「車いす使用者」の視座から見た「過剰適応」—」山下仁・渡辺学・高田博行(編)『言語意識と社会』pp.9-36．三元社

オーリ，リチャ(2005)．「『共生』を目指す地域の相互学習型活動の批判的再検

討―母語話者の『日本人は』のディスコースから―」『日本語教育』126, 134-143.

加藤好崇(2002).「インタビュー接触場面における「規範」の研究」『東海大学紀要 留学生教育センター』22, 21-40.

加藤好崇(2006).「接触場面における文体・話題の社会言語規範」『東海大学紀要留学生教育センター』26, 1-17.

金銀美(2009).「接触場面における話題選択及び話題開始の傾向」藤森弘子・楠本徹也・宮城徹・花薗悟・鈴木智美(編)『日本語教育学研究への展望：柏崎雅世教授退職記念論集』pp.281-297. ひつじ書房

串田秀也・好井裕明(編).(2010)『エスノメソドロジーを学ぶ人のために』世界思想社

久保田賢一(2000).『構成主義パラダイムと学習環境デザイン』関西大学出版部

熊谷智子・石井恵理子(2005).「会話における話題の選択 - 若年層を中心とする日本人と韓国人への調査から -」『社会言語科学』8 (1), 93-105.

小暮律子(2002).「日本語母語話者と日本語学習者の話題転換表現の使用について」『第二言語としての日本語の習得研究』5, 5-23.

小林浩明(2000).「日本語のフォリナー・トークにおける個人差」『日本語・日本文化』26, 61-70.

近藤佐智子(2009).「中間言語語用論と英語教育」『Sophia Junior College Faculty Journal』29, 73-89.

蔡諒福(2011).「初対面会話における話題転換構造に関する一考察 - 日中社会人のデータをもとに -」『異文化コミュニケーション研究』23, 1-19.

西條美紀(2005).「接触場面の非対称性を克服する会話管理的方略」『社会言語科学』8(1), 166-180.

斎藤純男・田口善久・西村義樹(編)(2015)『明解言語学辞典』三省堂

坂本正・小塚操・架谷真知子・児崎秋江・稲葉みどり・原田知恵子(1989).「「日本語のフォリナートーク」に対する日本語学習者の反応」『日本語教育』69, 121-146.

佐久間まゆみ(1990).「接続表現の機能と分類」『日本シンポジウム「言語理論と日本語教育の相互活性化予稿集』16-25.

佐々木倫子(2006).「パラダイムシフト再考」国立国語研究所(編)『日本語教育の新たな文脈―学習環境、接触場面、コミュニケーションの多様性―』pp.259-283. アルク

佐藤和之(1999).「震災時に外国人にも伝えるべき情報―情報被災者を一人でも少なくするための言語学的課題」『言語』28(8), 32-41.

佐藤和之(2004).「災害時の言語表現を考える―やさしい日本語・言語研究者たちの災害研究」『日本語学』23 (10), 34-45.

Psathas, G. (1999). Studying the Organization in Action: Membership Categorization and Interaction Analysis. *Human Studies*, 22, 139-162. (前田泰樹訳(2000).「行為における組織を研究すること―成員カテゴリー化と相互行為分析」『文化と社会』2, 37-73. マルジュ社)

嶋原耕一(2015a).「接触場面における日本語非母語話者の意識的配慮と言語運用について―語りの分析から見えること―」『言語・地域文化研究』21, 375-387.

嶋原耕一(2015b).「フォリナートークに対する意識についての一考察―日本語母語話者と日本語非母語話者の語りから見えてくること―」『社会言語科学会第35回大会発表論文集』32-35.

嶋原耕一(2015c).「日本語母語話者の日本語非母語話者に対する意識的配慮について～語りの分析から見えること～」『言語科学会第17回年次国際大会予稿集』181-182.

嶋原耕一(2015d).「大学の日本語教育系授業が母語話者の意識に与える影響」『第24回小出記念日本語教育研究会予稿集』28-29.

嶋原耕一(2015e).「接触場面における日本語非母語話者のカテゴリー化及び被カテゴリー化の様相」『日本語／日本語教育研究会第7回大会予稿集』35-36.

嶋原耕一(2016a).「接触場面における日本語母語話者と非母語話者の話題に関する意識について―インタビュー調査に基づいて―」『言語・地域文化研究』22, 399-412.

嶋原耕一(2016b).「初対面会話における話題分布と話題への参加に関する量的分析―異なる接触経験を有する母語話者及び非母語話者の会話を対象

に―」『日本語・日本学研究』6, 25-47.

嶋原耕一(2016c).「接触場面の初対面会話における導入話題の分布―雑談経験の異なる学習者を対象に―」『留学生教育』21, 27-35.

嶋原耕一(2017a).「日本語教育パラダイムから見た接触場面における日本語母語話者の言語運用に関する研究動向」『言語・地域文化研究』23, 321-332.

嶋原耕一(2017b).「接触場面初対面会話の話題転換における話題の終了表現及び開始表現―新出型の話題転換に焦点を絞って―」『日本語教育実践研究』5, 34-50.

清水寿子(2007).「多言語多文化共生日本語教育実習における実習生の学びのプロセス―修正版グラウンデッド・セオリー・アプローチによる内省レポートのテクスト分析―」岡崎眸(監修)『共生日本語教育学―多言語多文化共生社会のために』pp.27-40. 雄松堂出版

清水寿子(2008).「共生日本語教育が日本語非母語話者に与える教育的意義に関する一考察―ある教育実習生の事例から―」『多言語多文化―実践と研究』1, 123-146.

ジャロンウィットカジョーン・加藤好崇(2010).「タイ人日本語学習者―日本語母語話者の初対面接触場面における話題選択―」『東海大学紀要留学生教育センター』30, 17-27.

全鍾美(2010).「初対面の相手に対する自己開示の日韓対照研究―内容の分類から見る自己開示の特徴―」『社会言語科学』13(1), 123-135.

辛銀眞(2007).「日本語のフォリナー・トークに関する一考察－非母語話者日本語教師の意識調査を通して」『早稲田日本語教育』1, 25-37.

杉原由美(2003).「地域の多文化間対話活動における参加者のカテゴリー化実践―エスノメソドロジーの視点から」『世界の日本語教育』13, 1-18.

杉原由美(2010).『日本語学習のエスノメソドロジー言語的共生化の過程分析』勁草書房

好井裕明・山田富秋・西阪仰(1999).『会話分析への招待』世界思想社

スクータリデス，アリーナ(1981).「外国人の日本語の実態(3). 日本語におけるフォリナー・トーク」『日本語教育』45, 53–62.

総務省(2006).「多文化共生の推進に関する研究会報告書 - 地域における多文化共生の推進に向けて -」(http://www.soumu.go.jp/kokusai/pdf/sonota_b5.pdf).2016 年 11 月閲覧.

田窪行則・金水敏(1997).「応答詞・感動詞の談話的機能」音声文法研究会(編)『文法と音声』pp.257-278. くろしお出版

田所希佳子(2013).「初対面会話教育における重要項目の選定に関する考察 - 母語話者・非母語話者に対する意識調査から -」『早稲田日本語研究』22, 13-23.

田中奈緒美(2015).「話題転換時における談話標識の使用に関する日中比較」『島根大学外国語教育センタージャーナル』10, 131-141.

田中敏・山際勇一郎(1989).『新訂ユーザーのための教育・心理統計と実験計画法　方法の理解から論文の書き方まで』教育出版

趙凌梅(2014).「話題選択スキーマとストラテジーの日中対照研究：初対面会話データを用いて」『東北大学国際文化学会　国際文化研究』20, 145-157.

筒井佐代(2012).『雑談の構造分析』くろしお出版

筒井千絵(2008).「フォリナー・トークの実際―非母語話者との接触度による言語調整ストラテジーの相違―」『一橋大学留学生センター紀要』11, 79-95.

徳永あかね(2003).「日本語のフォリナー・トーク研究―その来歴と課題―」『第二言語習得・教育の研究最前線』増刊特集号, 162-175.

徳永あかね(2009).「多文化共生社会で期待される母語話者の日本語運用力 - 研究の動向と今後の課題について -」『神田外語大学紀要』21, 111–129.

独立行政法人国際交流基金「【新訳】CEFR Can-do 一覧カテゴリーごと」(https://jfstandard.jp/pdf/CEFR_Cando_Category_list.pdf).2016 年 11 月閲覧.

中井陽子(2003).「初対面日本語会話の話題開始部／終了部において用いられる言語的要素」『早稲田大学日本語教育研究センター紀要』16, 71-95.

中井陽子(2012)『インターアクション能力を育てる日本語の会話教育』ひつじ書房

西原鈴子(1999).「日本語非母語話者とのコミュニケーション〜日本語教師の

話はなぜ通じるのか～」『日本語学』6, 62-69.

西村史子(1998).「中級日本語学習者が書く詫びの手紙における誤用分析―分の適切性の観点から―」『日本語教育』99, 72-83.

日本語読解学習支援システム　リーディングチュウ太　(http://language.tiu.ac.jp/). 2016年11月閲覧.

日本語能力試験公式ウェブサイト「旧試験との比較」(http://jlpt.jp/about/comparison.html).2016年11月閲覧.

ネウストプニー, J. V. (1995a).『新しい日本語教育のために』大修館書店

ネウストプニー, J. V. (1995b).「日本語教育と言語管理」『阪大日本語研究』7, 67-82.

野々口ちとせ(2007).「非母語話者実習生の自己受容―内省モデルに基づく教師日本語教育実習の場合―」岡崎眸(監修)『共生日本語教育学―多言語多文化共生社会のために』pp.115-126. 雄松堂出版

橋内武(1999).『ディスコース―談話の織り成す世界』くろしお出版

林明子(1999).「会話展開のためのストラテジー:『断り』と『詫び』の出現状況と会話展開上の機能」『東京学芸大学紀要』50, 175-188.

林明子(2000).「会話展開の構造と修復のストラテジー:日独語対照の視点からみた「依頼」と「断り」におけるインタラクション」『東京学芸大学紀要』51, 81-94.

半原芳子・佐藤真紀・三輪充子(2012).「持続可能な多言語多文化共生社会を築く「共生日本語教育」の可能性―日本語母語話者と日本語非母語話者の言語的共生化の過程に着目して―」『多言語多文化―実践と研究』4, 166-193.

バーバ, H. K. (2005).『文化の場所―ポストコロニアリズムの位相』(本橋哲也・正木恒夫・外岡尚美・阪元留美訳)法政大学出版局

一二三朋子(1995).「母国語話者と非母国語話者との会話における母国語話者の意識的配慮の検討」『教育心理学研究』43, 277-288.

一二三朋子(1999).「非母語話者との会話における母語話者の言語面と意識面との特徴及び両者の関連―日本語ボランティア教師の場合―」『教育心理学研究』47, 490－500.

一二三朋子(2000).「日本人との会話における外国人留学生の意識的配慮の検討」『研究紀要』7, 21-28.

平野美恵子(2007).「多文化共生指向の日本語教育実習での非対称な関係性に見る実習生間の学び―準備期間3ヶ月の話し合い分析―」岡崎眸(監修)『共生日本語教育学―多言語多文化共生社会のために』pp.65-84. 雄松堂出版

ファン, S. K. (1999).「非母語話者同士の日本語会話における言語問題」『社会言語科学』2(1), 37-48.

ファン, S. K. (2003).「日本語の外来性(foreignness):第三者言語接触場面における参加者の日本語規範及び規範の管理から」宮崎里司・H. マリオット(編)『接触場面と日本語教育』pp.3-21. 明治書院

藤長かおる(1993).「コミュニケーション・ストラテジーを意識化させるために:外交官日本語研究における『実用練習』を振り返って」『日本語国際センター紀要』3, 35-55.

藤森弘子(1995).「日本語学習者に見られる『弁明』意味公式の形式と使用―中国人・韓国人学習者の場合―」『日本語教育』87, 79-90.

フレイレ, パウロ(1979).『被抑圧者の教育学』小沢有作・楠原彰・柿沼秀雄・伊藤周(訳)亜紀書房

法務省公式ウェブサイト「平成28年末現在における在留外国人数について(確定値)」(http://www.moj.go.jp/nyuukokukanri/kouhou/nyuukokukanri04_00065.html).

細川英雄(2003).「「個の文化」再論:日本語教育における言語文化教育の意味と課題」『21世紀の日本事情』5, 36-51.

前原かおる(2000).「呼びかけの特徴―題目との接近可能性」『広島大學日本語教育学科紀要』10, 57-64.

増井展子(2005).「接触経験によって日本語母語話者の修復的調整に生じる変化―共生言語学習の視点から―」『筑波大学地域研究』25, 1–18.

松田陽子・前田理佳子・佐藤和之(2000).「災害時の外国人に対する情報提供のための日本語表現とその有効性に関する試論」『日本語科学』7, 145-159.

水川喜文(1993).「自然言語におけるトピック転換と笑い」『ソシオロゴス』17, 79-91.

水谷信子(1980).「外国語の修得とコミュニケーション」『言語生活』8, 28-36.

水谷信子(1983).「あいづちと応答」水谷修(編)『話しことばの表現』pp.37-44. 筑摩書房

水谷信子(1993).「『共話』から『対話』へ」『日本語学』12(4), 4-10.

三牧陽子(1999).「初対面会話における話題選択スキーマとストラテジー - 大学生会話の分析 -」『日本語教育』103, 49-58.

三牧陽子(2002).「待遇レベル管理からみた日本語母語話者間のポライトネス表示 初対面会話における「社会的規範」と「個人のストラテジー」を中心に」『社会言語科学』5(1), 56-74.

宮崎里司(2002).「第二言語習得研究における意味交渉の課題」『早稲田大学日本語教育研究』1, 71-89.

村越行雄(1994).「発話の類型と動詞の種類:発話ない行為に関するオースティンとサールの分類法」『跡見学園女子大学紀要』27, 15-53.

村上かおり(1996).「日本語における母語話者と非母語話者とのインターアクション―外国人との接触経験とタスクとが母語話者側のインターアクションの仕方に与える影響―」『南山日本語教育』3, 26-50.

村上かおり(1997).「日本語母語話者の「意味交渉」にタスクの種類が及ぼす影響―母語話者と非母語話者とのインタ - アクションにおいて―」『第二言語としての日本語の習得研究』1, 119-136.

村上恵・熊取谷哲夫(1995).「談話トピックの結束性と展開構造」『表現研究』62, 101-111.

村上律子(2009).「日本語学習者の家庭訪問アクティビティーにおける日本人ホストの会話参加調整―話題管理を中心に―」『異文化コミュニケーション研究』21, 99-119.

メイナード,泉子・K.(1993).『会話分析』くろしお出版

森由紀(2005).「共生のための日本語をめぐる考察:簡約日本語からユニバーサル〈万人向け〉日本語へ」『三重大学留学生センター紀要』7, 1-11.

森本郁代・服部圭子(2006).「地域日本語支援活動の現場と社会をつなぐもの

　　　　　―日本語ボランティアの声から」植田晃次・山下仁(編)『「共生」の内実
　　　　　―批判的社会言語学からの問いかけ』pp.127-155. 三元社
柳田直美(2010).「非母語話者との接触場面において母語話者の情報やり方略
　　　　　に接触経験が及ぼす影響―母語話者への日本語教育支援を目指して―」
　　　　　『日本語教育』145, 13-24.
柳田直美(2011).「日本語教育経験のない母語話者の情報とり方略に非母語話
　　　　　者との接触経験が及ぼす影響」『日本語／日本語教育研究』2, 51-66.
矢作千春(2002).「チューター場面における言語管理―チューターの管理プロ
　　　　　セスを中心に―」『千葉大学大学院社会文化科学研究科研究プロジェク
　　　　　ト報告書』38, 57-69.
山田富秋(2000).『日常性批判―シュッツ・ガーフィンケル・フーコー』せりか
　　　　　書房
楊虹(2005).「中日接触場面の話題転換―中国語母語話者に注目して―」『言語
　　　　　文化と日本語教育』30, 31-40.
楊虹(2007).「中日母語話者の話題転換の比較―話題終了のプロセスに着目し
　　　　　て―」『世界の日本語教育』17, 37-52.
楊虹(2011).「中日母語場面の初対面会話における話題開始の比較―参加者間
　　　　　の相互行為に注目して―」『立命館言語文化研究』22(3), 185-200.
横林宙世(1991).「日本語初中級学習者の使用するコミュニケーション・スト
　　　　　ラテジー」『平成3年度日本語教育学会春季大会予稿集』, 39-44.
横山紀子(2004).「言語習得におけるインプットとアウトプットの果たす役割」
　　　　　『日本語国際センター紀要』14, 1-12.
李珂南(2014).「日中大学生接触場面の初対面会話における話題転換―『ラポー
　　　　　ルマネジメント』の視点から―」『日本語教育』157, 17-31.
ロング，ダニエル(1992).「日本語によるコミュニケーション―日本語におけ
　　　　　るフォリナー・トークを中心に―」『日本語学』12, 24-32.
ロング，ダニエル(1995).「フォリナー・トークに対する意識」『日本語教育に
　　　　　おける社会言語学的基盤　文部省科学研究費総合(A).研究成果報告書』
　　　　　11-24.
渡部倫子(2002).「日本語学習者との会話における日本人大学生の意識的配慮」

『広島大学大学院教育学研究科紀要　第二部 文化教育開発関連領域』51, 267-273.

ワンウィモン，ルンティーラ(2004).「タイ人日本語学習者の「提案に対する断り」表現における語用論的転移―タイ語と日本語の発話パターンの比較から―」『日本語教育』121, 46-55.

あ と が き

　本書は、東京外国語大学大学院に 2016 年に提出した博士論文『初対面雑談会話における日本語母語話者及び非母語話者の話題導入と話題展開—接触経験を通した変化を探る—』を、出版用に改稿したものである。博士論文の執筆にあたっては、科学研究費補助金（研究課題番号：15J02943）の支援をいただいた。

　刊行にあたり、執筆と並行して教育の経験を積む機会を与えてくださった丸山千歌先生はじめ、立教大学日本語教育センターの諸先生方と事務の方々に、心より感謝申し上げる。また審査に携わってくださった先生方、それにデータ収集に協力してくれた日本人学生と留学生にも感謝を伝えたい。そして、いつも私を叱咤激励し一番そばで長年支えてくれた李奎台氏に、格別の謝意を贈る。最後に、両親のサポートなしにはこの日を迎えられなかったであろうことも、記しておきたい。

著者紹介

嶋原 耕一（しまはら こういち）

国際基督教大学卒業後、東京外国語大学大学院で、修士号（言語学）と博士号（学術）を取得。国際交流基金派遣日本語指導助手（ニュージーランド教育省及び現地中等教育機関勤務）、東京福祉大学非常勤講師、立教大学非常勤講師等を経て、2017年からは現職、立教大学日本語教育センター教育講師。専門は日本語教育、談話分析、会話分析。

接触場面への参加による
日本語母語話者と非母語話者の変化

2019年3月25日　初版第1刷発行

著　者	嶋原　耕一
発行所	立教大学出版会
	〒171-8501
	東京都豊島区西池袋3丁目34-1
	電話（03）3985-4955
	email rikkyo-press@rikkyo.ac.jp
発売所	丸善雄松堂株式会社
	〒105-0022
	東京都港区海岸1丁目9-18

RIKKYO UNIVERSITY PRESS

編集・製作　丸善プラネット株式会社
組版　株式会社明昌堂
印刷・製本　大日本印刷株式会社
©2019, SHIMAHARA, Koichi.　Printed in Japan
ISBN 978-4-901988-36-0 C3080

JCOPY ＜出版者著作権管理機構 委託出版物＞
本書（誌）の無断複製は著作権法上での例外を除き禁じられています。複製される場合は、そのつど事前に、出版者著作権管理機構（電話 03-5244-5088, FAX 03-5244-5089, e-mail: info@jcopy.or.jp）の許諾を得てください。